臨床教育人間学
4

関係性をめぐって

臨床教育人間学会
編

東信堂

巻頭言——関係性の忘却へと誘う社会の現状に抗して

越智　康詞

何か大切なものを忘れてきた。そのように感じるのだが、それが何であるのかうまく思い出せない。立ち止まる時間がほしいけれど、とりあえず「忘れたことは忘れて」前に進み続けるしかない。この社会の現状について、このような苛立ちを感じているのは私だけではないだろう。

現代の社会は、確かに正論で動いている。自分は自分、他人は他人。自分の運命は自分で引き受け、他人に迷惑をかけてはならない。公正で透明なルールに基づく競争、アカウンタビリティに準拠し「ムダを徹底して排除」する政策が推進され、誰にもはっきり同じに「見える（観察・証明可能）」ものがその支配力を高めつつある。GDP、偏差値、視聴率、支持率。おそらく誰もが、こうした数字に踊らされるのはおかしいと感じつつも、「それ以外に明示された根拠」がない限り、反論することは難しい。しかしながら、何が見え、何が見えないかは客観的に決まっているわけではない。それ自体、私たちの関心や傾向性、つまり社会状況によって影響を受ける。

誰にとっても同じようにはっきり「見える」ことを求めるこの社会にとって「見えやすい」ものの代表は、「実体化された要素（モノ、個人、静止画像）」であり、逆に「見えにくい」ものの代表は「関係性（関与、社会性、動態）」ではないだろうか。そもそも「実体化された要素」とは、複雑な「関係」の大海の中で浮き彫りになる「島」のようなものであるが、それ自体独立した「存在」であるかのごとく現れる「実体化された形象」に準拠して思考し行動する傾向が強まるほど、私たちは「島」を「島」たらしめる「大海（関係のネットワーク）」を見失うのである。かくして、現在においては、「関係」という言葉自体が、既に「実体化された形象」に汚染されている、といってよい。つまり、それぞれの「要素＝実体」が、関係の網の目の中で浮き彫りになるというよりも、個々の「要素＝実体」が先にあり、要素と要素のあいだに観察される何者かを、私たちは「関係」と呼ぶようになっているのである。こうして、負荷なき抽象的な人間が、互いに契約を交わし、その所有物を自由に市場で交換する、といったイメージが支配的になる。

危惧されるのは、このように「はっきりと見えるもの」「わかりやすいもの」「合理的なもの」が力をもつ社会――より正確に表現すれば、「見える／見えない」の差異（観察・所有・有用性）が主導する社会――では、「複雑で曖昧で流動的なもの」「特殊で主観的・感覚的なもの」「得体の知れないもの」が軽視される蓋然性が高くなる、ということだ。

そもそも私が何者であるかは、私を承認してくれる具体的な他者、私を取り巻く関係のネットワーク、私の来歴抜きには成立しえない。人間は根源的に社会的なのであり、私が私であることを支えてくれる他者、私が私を超え出ること（倫理的次元）を可能にする他者の他者性を忘れ、実体化された自己に依拠して世界を支配・対象化せんとすると、まさに主人と奴隷の弁証法のごとく、私は生の充満、奥行き、アクチュアリティを失い、生ける屍となる。こうした生の不確かさの穴埋めをするべく、関係性を否定する競争にますます駆り出されてしまうこと。ここにわれわれ現代人の悲劇がある。

臨床教育人間学とは、臨床の現場に自ら深くかかわり「貧者」の支援に全力を尽くしながら、同時に、得体の知れない関係性の世界の内側から、「見えるもの」の支配・専制に抵抗し、豊かな生の基盤を保持しようとする、終わりなき倫理的・政治的な実践である。

ここに『臨床教育人間学４　関係性をめぐって』をお届けする。ここには、臨床現場での、得体の知れぬものとの格闘の痕跡がちりばめられている。この痕跡に再び命を吹き込み、新たな実践へとつないでいくのは、読者である皆さん自身に他ならない。

二〇一一年二月

臨床教育人間学4
臨床教育人間学会編

関係性をめぐって／目　次

関係性をめぐって

臨床教育人間学　4

〈論文〉

1

子どもが物語るということ

――五歳児の手作り絵本を中心に――

村中　李衣

〈概要〉

本論文の目的は、大人の意図で先導されることがない、五歳の子どもたちの手作り絵本を通して、子どもたちの「物語る」という活動を特徴づけることである。重要なその特徴は、子どもたちにとって「物語る」という行為が自分の生を自らの力で充たしていく行為であるということである。すなわち、すでに存在する「物語」をなぞりながら「語る」のでなく、今まさに現在進行形で、さまざまな出来事や思いを紡ぎ合わせて前へ前へと進む行為である。ひるがえっていえば、学校教育の中での子どもの表現を整えるという行為は、子どものことばと身体の関係性を削ぐという危うさに満ちている。たとえば、敬体と常体の混同は、作文教育の中では一般的に是正するべき誤りである。しかし、子どもたちの表現の中には、対象や自分を取り巻く世界と自分との心的距離が、常体と敬体との使い分けになって表われている場合が少なからずある。五歳の子どもにとって、世界は自分に引き寄せられたり遠ざかったりと伸び縮みするものである。大人にとっての「物語る」行為は、自分を確かめる孤独な営みだが、子どもにとって「物語る」行為は、自分と世界との関係性を培うこと、そして自分の生を喜びで充たしていくことにひとしい。

1　問題の所在

子どもの描く絵やことばから、子どもの人格の発展の様子を読み取ろうとする試みは、特別新しいものではない。子どもの自発的描画活動や発話は、「積極的で孤立的でなく、全体が有機的な心理活動としてのまとまりをもつ」と、ヘルガ・エング（『子どもの描画心理学』）は述べている。それゆえ、個々の子どもの性格やその問題、特殊な要求を理解する手立てとして、こうした研究は現在も続けられている。

しかし、子どもが、絵と言葉を組み合わせて「物語る」という行為、特に〈絵本を作る〉という行為の中には、これまでいわれてきた子どもの絵やことばの発達段階に対応させるだけでは適わない別の特徴や意味が含まれているように思う。

これは、たとえば子どもが手作り絵本の中で、魔女がネズミの家来に命じて悪者を退治するお話を作ったからといって、そのまま魔術的世界に生きている時代だと断言できない（天井裏で魔女がネズミたちに魔法を教えていると信じている時代とイコールではない。しかし、なんらか魔術的世界と関わりを持っている）というようなことでもある。

一方、絵本の創作者の多くは（まれな例外を除き）、子どもの心理世界に迫り、その世界観を再現するような表現を模索する。そのために、意識的にも無意識的にも、自分が失ってしまった子どもの心理を研究し、その法則を獲得し直そうとする。絵本作家を志す者が、街中で、大人はしないような子どもの言動を発見すると、「おもしろい！絵本になりそうだ」と考えたりするのは、この一例だろう。また、創作を試みる者の中には、目の前にいる子どもや子どもの状況を取材するのではなく、自分の「内なる子ども」に向けて、あるいは「内なる子ども」の心や行動を追いながら書いていくのだという人も少なからずいるが、彼らの「内なる子ども」の心や行動は、大人になった作者の文法でもって整理し意味づけられることがほとんどだ。大人になっても「内なる子ども」を持ち続けている人はいるが、子どもの文法にのっとってその世界を語れる人は多くない。

今回は、大人の意図で先導されることがない、五歳の子どもたちの手作り絵本を通して、これまで五歳という発達段階の中でとらえられてきた言語表現・絵画表現の特徴からはいったん離れ、五歳児が絵とことばを用いて物語るという活動の中から見出せる特徴を整理し、ここに成立した絵本から、絵本表現の可能性について考え直してみたい。

〈対象となる手作り絵本について〉

取りあげるのは、二〇〇八年までに、広島のI幼稚園において、五歳児を対象に、自由な絵本製作に取り組ませた中で生まれた作品である。作品の大きさは、子どもによってまちまちである。子どもが絵本を意識して一枚ずつ描いていったものを、後に製本した。基本的に、教師側からの働きかけは行なっていない。従って、早く完成した者もいれば、かなり時間を要して完成させた者もいる。文字の配置なども子ども自身が決定した。

I幼稚園では、五歳までに、およそ文字が書けるようになっているとのこと。また、I幼稚園では、日常的に多くの絵本と親しんでいるという背景がある。しかし、完成された絵本を見ると、既成の絵本を真似したと思われる作品、または、友だちの作品に影響された作品というのは、見当たらなかった。

2　五歳児の手作り絵本から見えてくるもの

先に述べた手順に従って作成された、I幼稚園の五歳児たちの創作絵本をもとに、そこに垣間見える五歳児の〈物語る〉という行為に着目してみる。

ここで、最初に確認しておきたいのは、絵本という媒体を通して物語ることの、その他の媒体とは異なる特徴についてである。

絵本は、場面ごとに世界が切り替わる。しかも、めくるという行為によって、そのめくりの空間と時間が、前ページと次ページを繋ぐ。しかし、次の場面が完全に開かれた瞬間、前の場面は過去のものとして繋がりを遮断される。そして、新たにその見開き場面が、めくりによって次ページと繋がっていく。つまり、

1↓2
　1↓2
　　1↓2
　　　……

となっていくか、もしくは、

1↓2（↓）1↓2（↓）1↓2……

というパターン。基本的に2拍子のリズムを、絵本という媒体は備えているのだ。もちろん、ここに、各作品独自のストーリー展開が加わって、複雑なリズムが誕生するのだが。このめくりがうながす2拍子は、子どもが物語る時の語りながらチャンネルを切り替えていく思考手順によく合っている。語りだした瞬間に、語っていることがら、そして語りだした「いま」は過去に追いやられ、次々と別の「いま」がやってくる。このサイクルが非常にめまぐるしい五歳前後の子どもたちの物語るリズムにうまく同調し、語る呼吸を整えるのに、絵本の構造は都合がよいということだ。そういう意味で、今回の分析は、一枚ずつの絵にお話をつける、とか、紙芝居を作る、という試みからひきだすのとは違う「語りだし」の諸相をひきだすものであると期待できる。

(1)　表現のルール

これまで、市販化されている絵本で用いられている、子どもを仮装した幼い表現に違和感を持つことがたびたびあった。たとえば、二〇〇八年に出版され、二〇〇九年度読書感想文小学校低学年の部に選ばれた絵本『おこだで

ませんように』の場合。この絵本は、親に叱られてばかりの子どもが、七夕の日、これ以上親に怒られないようにしてくださいという願いを短冊に託したという実際のエピソードが、モチーフだったようだ。子どもが書いたという「おこだでませんように」ということばのたどたどしさが、読み聞かせをする大人たちの涙を誘った。しかし、短冊に「おこだでませんように」とうっかり筆記ミスをする年齢の子どもは、決してこのようなストーリーをあえて物語ろうとはしないだろう。筆記のたどたどしさは、彼らの内面のたどたどしさとは結びついていないので、大人がこの表現を見て感じるような「物語性」を共有しない。

こうした大人側からの勝手な幼さの貼り付けとは一線を画した、子どもの論理が、子どもの手作り絵本には隠されていた。それをいくつか整理してみたい。

a　接続詞は心理チャンネル

『ぼくのすきなもの』（かながわともき作）の場合。

「ぼくのすきなものは、なしです」で始まるこの絵本では、ぼくのすきなものが、順番に語られる。この「順番」が、興味深い。

ぼくのすきなものは、なしです。／それと、いちごです。／

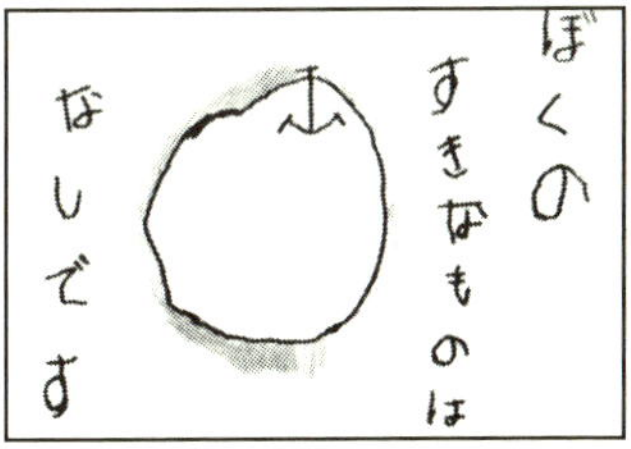

①

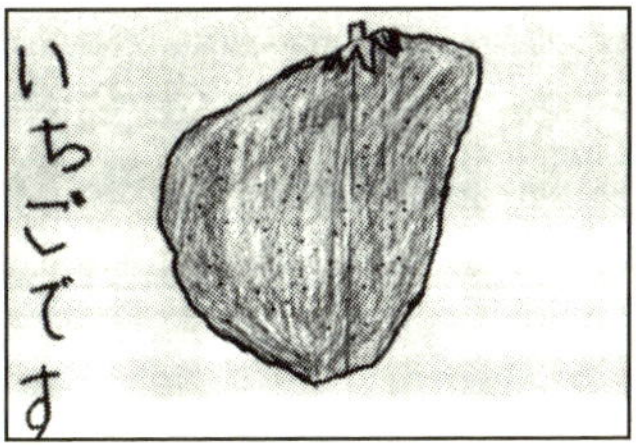

②

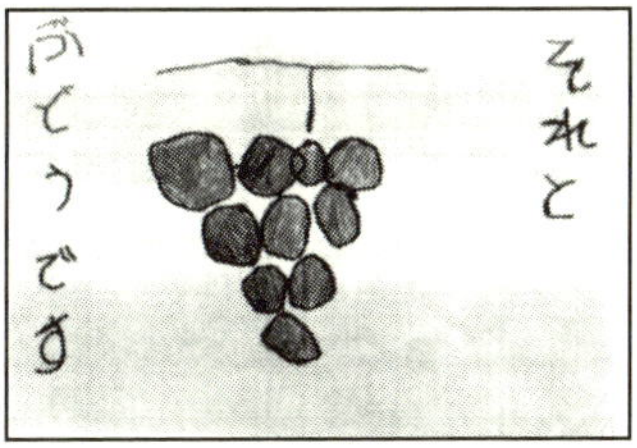

③

④

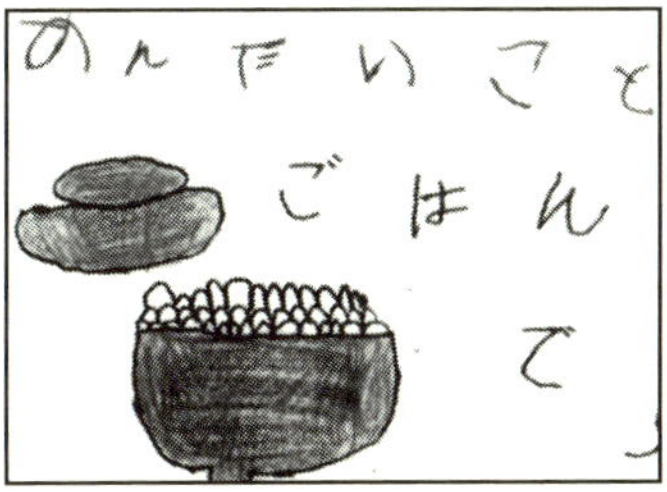

⑤

それと、ぶどうです。／でも、いちばんすきなのは／めんたいことごはんです。／おしまい

「それと」という接続詞で、ナシと、イチゴと、ブドウが繋げられているわけだが、作者の語りには、大人が「それと」という接続詞で二つの要素を繋ぐ時のような、上位、下位の区別はない。つまり、「なしがすき」と語っている時にはナシが一番。「いちご」と語っている時にはイチゴが一番。「ぶどう」と語っている時には、ブドウが一番好きだと考えているのだ。「それと」と語りだした瞬間に、自分の心を占めるものが転換していく。そして、「でもいちばんすきなのは」と語ることで、前もって考えていた明太子とご飯を持ち出したのではなく、「でも……」と語った瞬間に突然果物から興味が離れ、意識が別のジャンルへ飛んだのだ。そして、飛んだと同時に、恐らくフッと明太子が頭に浮かんだのだろう。一番好きな物を自身に問いつめた結果明太子という存在に行き着いたのでもなければ、最初からこれをオチにしようと決めていたのでもない。そのことは、制作中の保育士とのやりとりからも確認できた。

日常の生活場面でも、子どもは「でね」「そいでね」などの接続詞を多用するが、それは、幼さの証でもなければ、大人の文法定義に添って意味を形成していくものでもなく、その接続詞によって、自分自身の世界との接触チャンネルを切り替えているのではないか。

この絵本を紹介すると、たいていの大人は、「でもいちばんすきなものは」の次に来るものは「おかあさん」だと期待し、それがはずれて、大笑いする。しかし、五歳の作者は笑いをとるつもりなど毛頭なく、たまたま、この日この時の接触チャンネルが、そういうものを導き出さなかったということだろう。もしも「じゃぁ、めんたいことおかあさんとどっちが好きなの？」と問い返したなら、恐らくその問い返された瞬間に答えを考えるはずだ。

b　文末表現には、世界との距離感が表われる

『りっくんのひっこすひのまき』（こがたしゅんぺい作）という絵本を例にとろう。

これは、仲良しのりっくんが引越すことを急に聞かされた少年の驚きと悲しみ、そして、別れのシーンでの精いっぱいの「さよなら」を描いた作品だ。

りっくんが、ひっこすといいました。／くるまでいきました。／「まてよ」とぼくがいったけど、とめてくれなかった。／くるまがぶるんぶるんとしてくれた。／どんどんいきました。／またあおうな。

一場面目、突然「ひっこす」と告げられた衝撃が、この短いことばとともに、画面中央のノドを挟み二人が微妙な距離を置いて佇んでいる絵で伝わってくる。次の場面、家ごと積みこまれ、イスに座ったりっくんらしき人物も配した引越しのトラックだけが中央に描かれていることで、そばに駆け寄ることもできず、自分から遠ざかっていくりっくんを途方に暮れて見つめている「ぼく」の心境が伝わってくる。この二つの場面での状況に対する「ぼく」の「近づけなさ」、今目の前で起こっていることがどこか遠くの出来事のように、自分の身体で引き受けきれずにいる感じが、

①

②

③

④

⑤

⑥

ことばでは文末の〈です・ます体〉でよく表わされている。ところが、次の場面で、「ぼく」は、思い切ってトラックに駆け寄り、「まてよ」とりっくんに声を掛ける。世界がぐっと「ぼく」に引き寄せられる瞬間だ。ここでは、文末が〈である体〉に変化する。次の場面では、去っていくトラックがせめてものはなむけにと、クラクションを鳴らしてくれる。それが、彼の心にリアルに残ったのだろう。ここでも、文末は〈である体〉だ。ところが、次の場面、りっくんの乗ったトラックがどんどん遠ざかっていくシーンでは、彼はもう、ただただ、見送ることしかできなかったのだろう。「どんどんいきました」と、文末はまた、〈ですます体〉に戻っている。そして、最終場面「またあおうな」の少年らしい心の叫びで、作品は終了している。

ここに混在して登場する文末表現の、〈である体〉と〈ですます体〉には、はっきりとした語り分けがある。語り分けの基準には、子ども独自の身体性が強く関与しているようだ。〈です・ます体〉を用いる時、世界は彼らの身体からやや引き離されたところにあり、〈である体〉に移行した瞬間、世界は強く彼らのほうへ引き寄せられる。

C　副詞をはさんで、物語を紡ごうとする

『おこったかお・わらったかお』(いきそうしろう作)という作品で考えてみよう。

この作品は、一場面一ショットで、最初から最後までひとりの人物の表情の変化が描かれる。

ふつうのかお／おこったかお／わらったかお／きつねみたいなかお／おもしろいおこったかお／わらってるみたいなおこってるかお／またわらった／じゃがいもみたいなかお／こわいおこりがお／またまたわらった／こまりながらおこってる／じまんしたかおでおこってる／またおこってる／しろめをしておこってる／いろんなかお　おもしろいね

一五場面すべて、青い洋服を着て立っている一人の人物が中央に描かれてあり、ことばはその人物の表情の説明のようだ。他の作品と違い、特別なストーリーがあるわけではなく、前の場面から次の場面へのつながりがストーリーとして編まれているわけでもなく、すべてが、一場面ごとに切断されている。しかし、七場面めに登場する「またわらった」の「また」、続いて一〇場面目の「またまたわらった」の「またまた」、そして一四場面目の「またおこってる」の「また」、これらによって、語られている場面だけでなく、ここに描かれている人物を途切れることなくずっと見つめている作者のまなざしが浮かび上がり、連続した時間、つまり日々の営みの中での一コマ一コマを描いた作品なのだと読者の読みを導いてくれる。恐らく、作者がじっと見つめ続けている人物とは母親なのだろう。ここで用いられている「また」や「またまた」という副詞は、直接的に前の場面と次の場面を「繰り返される事象」として繋いではいない。そうではなく、一場面一場面を描きながら、作者の中にすでに焼きついている日常場面での母親の表情を自在に呼び出している。そして、その呼び出しに「また」という副詞をときおり織り込むことで、生きていることを実感させるリズムを立ち上

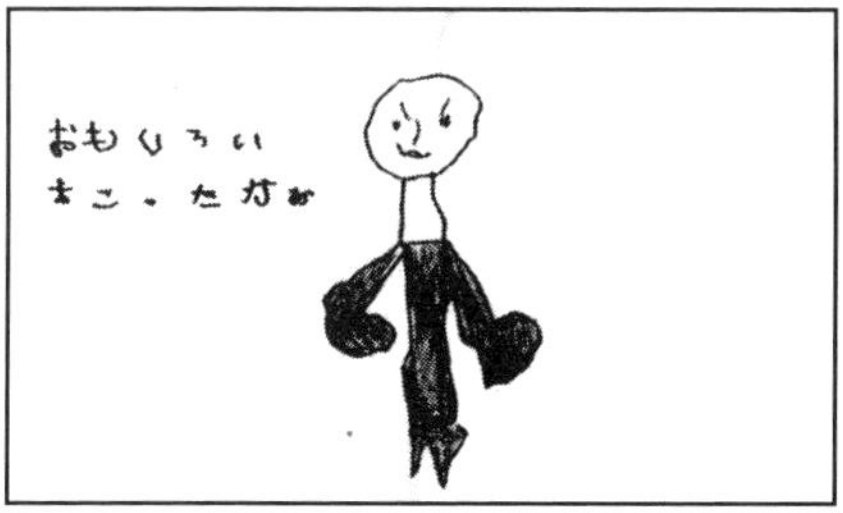

①

②

③

げているのではないか。

(2) 語りの性差

五歳児において、どうやら「物語を作る」という行為は、日頃、絵本やストーリーテリングに親しんでいる子どもたちにとってさほど難しいことではないらしい。I幼稚園の子どもたちは、作品の長さやスケールの大小はあれ、全員抵抗なく、オリジナルな物語作りに没頭していった。しかし、その多くに「むかしあるところに」という昔話の語りだしを引用した始まりが見られたこと、そして「旅をする」というモチーフが見られたことは、一つの特徴であろう。一般に五歳児に適した読書というとき、マーシャ・ブラウンの『三びきのやぎのがらがらどん』(福音館書店)や、赤羽末吉の『だいくとおにろく』(福音館書店)のように、異次元・異空間に誘う昔話、あるいはモーリス・センダックの『かいじゅうたちのいるところ』(冨山房)や『チムとゆうかんなせんちょうさん』(福音館書店)のように安全で熟知した世界から未知の世界に向けて自分の一歩を踏み出す冒険物語・旅物語があげられ、実際に子どもたちの心を魅了してきた。こうした五歳児の読書傾向と、彼らの手作り絵本の多くに見られる「むかしあるところ」から始まる旅物語は、少なからぬ関係がありそうだ。しかし、その旅物語の展開方法には、かなりはっきりした性差が見られた。大人の作家が創る既成の作品では、こうした性差は見出し難い。対照的な二つの作品を例にとってみよう。

まず、『くつしたちゃんのたび』(はるましおり作)という女児の作品。これは、一足のくつしたが、ある日、旅に出ることにするが、いろんな困難な場面を想定してしまい悩んだあげく玄関先から進めない、というおはなしである。

むかしあるところに、くつしたちゃんがいました。／あるひ、くつしたちゃんはたびにでることにしました。

／たびはなつもしないといけません。／ふゆもしないといけません。／たびにでるにはどうすればいいのでしょうか。わかりません。

描かれた絵を見てみると、最初の場面では家のドアから外へ踏み出すくつしたちゃんの姿が描かれるが、そのすぐ次の場面で、暑い夏の盛りに木陰もなく炎天下を旅するくつしたちゃんの姿が、空想として描かれる。また、その次の場面では、大雪の降る中を傘もなく進んでいくくつしたちゃんの姿が、同じように空想シーンとして描かれる。そして、最終場面、結局くつしたちゃんは、玄関先で立ち往生している。一般的に、五歳の頃の女子には、その遊びの中で時間的移動はたやすくイメージされるが、空間的移動については、男子よりも現状に強いこだわりがあるといわれている。ままごとあそびに代表されるごっこあそびでも、「あかちゃんになる」「おねえさんになる」というような時間的変化は容易に設定されるが、場所については「おうち」が基本で、極端な移動はあまり行なわれない。こうしたことと、お話作りの中での「移動距離の少なさ」は、関係しているのかもしれない。

①

②

③

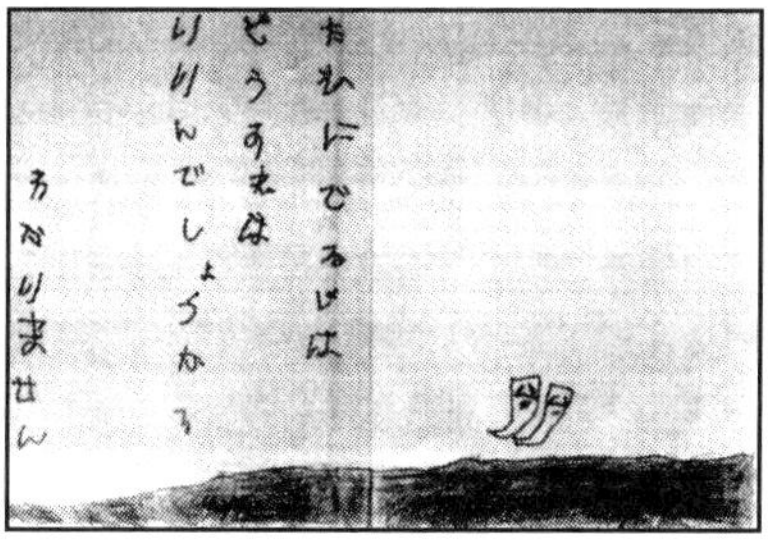

④

これと対照的な男子の作品として、『どこまでもころがっていくこま』(ささきまさと作)を見てみよう。

ある日友だちのうちへ出かけ独楽を回して遊んでいたところ、うっかり独楽がどこかへ転がっていってしまう。この転がり方がすさまじく、どこまでもどこまでも、限りなく転がっていく。

むかしあるところに、ともだちのおうちへいくおとこのこがいました。／ともだちのおうちについたら、あそびたくて、こまであそびました。あっ、こまがどこかにいってしまった!! でんわをしたけれど「まだきてないよ」といわれた。

最初の二ページを使ったここまでが、いわゆる事件の発端である。そして、次から一気に語りは独楽に焦点を絞り勢いを増す。

まだまだこまはころがっていく。どんどんどんどんころがっていく。／でも、まだまだころがっていく。もっともっところがっていく。／どこまでもどこまでもころがっていく。／こまはまだまだころがる。とまらない。／どうしてもまだまだころがる。／さてこまはどこまでころがるのでしょうか。おしまい。

語り手にも、その行方がわからないほど加速して転がっていく独楽。その止まらない動

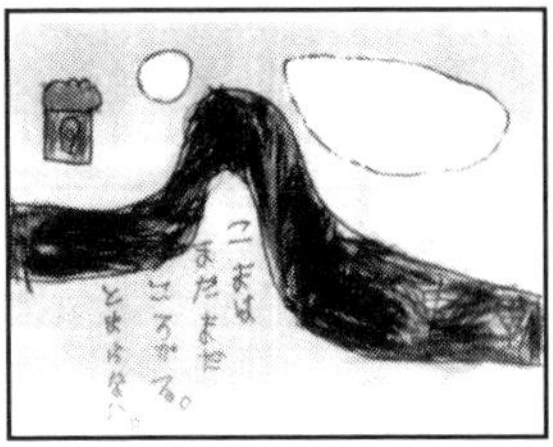

①

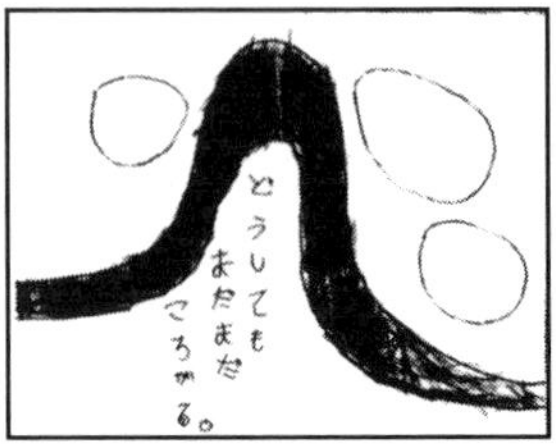

②

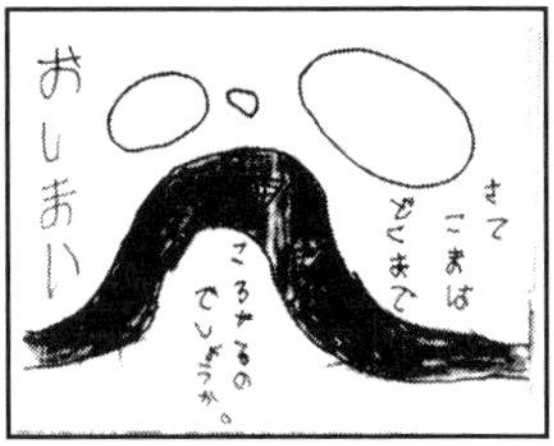

③

きから目を離さず追いかけていくことに語り手がわくわくするほどの「生」の充実感を感じていることが、絵とことばから伝わってくる。力強くうねる黒々とした太い道。そして、「まだまだ」「どんどんどん」「まだまだ、もっともっと」「どこまでもどこまでも」と、繰り返し用いられる力強い副詞は、作者が目の前に開けていく未知の大いなる世界にひるむことなく突き進んでいくその「いのちのペース」を表わしているようだ。

この作品も『くつしたちゃんのたび』同様、ラストに至ってもどこまでも転がっていく独楽の行方を、作者は見定めることができない。「さてどこまでころがるのでしょうか。おしまい」と書いている。しかし、わからないことが、『くつしたちゃんのたび』のように、逡巡したり、佇むことに繋がらないことに注目しなければなるまい。わからないことそのものを冒険として、楽しんでいるふしがある。女子のままごとあそびに対して、男子の戦隊ごっこや狩猟・採集的な遊びには、場所を固定せず常に移ろっていく傾向がある。変遷していくこと自体に快感を見出す特性があるのかもしれない。

ここでは、代表的な男女一作ずつしか取りあげていないが、男女別に、同じような特徴を持った作品が、いくつも見られたことを記しておきたい。

(3)　物語の中の身体を生きる

五歳児にとって、絵本創作という行為は、創造的表現行為でありながら、日常の言語生活あるいは描画活動とは異なる、今を生き楽しむ自分を確認するための表現活動でもあるらしい。その「生き楽しむ」一つのカギとなるのが、身体性である。先に述べた『どこまでもころがっていくこま』においても、どこに向かって転がっていくのかわからない独楽の動きに自分を重ね、生きていくことの躍動感を語り続けるその中心に、独楽となって転がる作者の身体と、作者が選ぶことばと、描かれていく黒々とした道の一体感が不可欠であった。同じように、語り手の身体性がより顕著に作品に表われている例として『しゃちのたび』(はなもとなおき作)を考えてみる。

この作品もやはり、シャチを主人公にした、堂々たる冒険物である。

しゃちのぼうけん／しゃち、どんどんすすむ。／しゃちはまだ、にっぽんのまんなかです。／しゃちはおよぐおよぐ。／しゃちはもうあめりかがみえています。／あともうちょっとであめりかにつきます。／とうとうしゃちはあめりかです。

最初から最後まで大海原を泳ぎ進む一匹のシャチしか描かれない。しかしその絵は、シャチがどんどん波を掻き分け進んでいる姿。描いているうちにきっと作者はシャチになり、大海原を掻き分けてすごいスピードで進んでいたのだ。シャチになった作者には、画面に描かずとも、泳ぎ進む大海で出会うあらゆる生き物たちや、自分にふれる世界のすべてが見えているし、それを充分に味わい切ったに違いない。その満足感が、最後の場面の「とうとうシャチはあめりかです」によく表われている。「あめりかにつきました」という終着点の説明を排除し、今まさにアメリカにいる、という喜びを全身で味わっているかのようだ。泳ぎ進む身体性を語ることが、この作者にとっての物語るという意味であった。何かに出会うことが冒険ではなく、何かに出会いながら進む自分の身体を確認することが冒険なのだと教えてくれる作品である。

『しゃちのたび』について考えている時、長新太の『ごろごろにゃーん』（福音館書店）が思い浮かんだ。最初から最後まで、飛び魚のような形をした謎の飛行船が「ごろごろにゃーんととんでいきます」としか語られないこの絵本は、大人には難解な作品であるが、子どもたちの圧倒的支持を得てきた。『しゃちのぼうけん』と並べて考えてみると、日本の絵

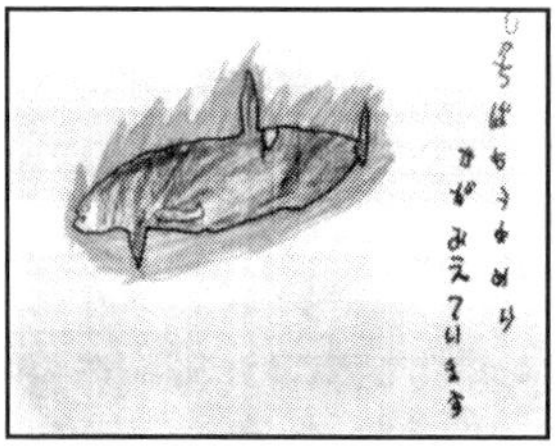
①

②

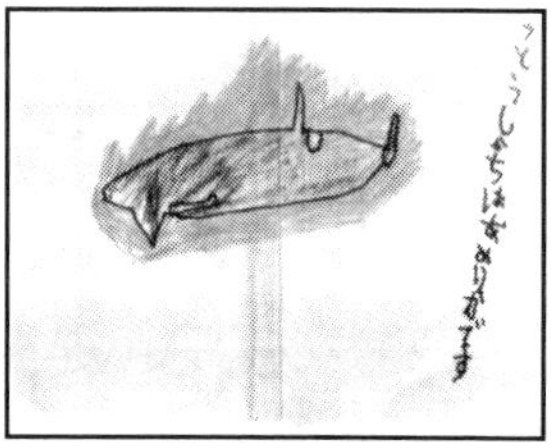
③

本作家の中で特異な位置づけをされてきた長新太の表現には、五歳の子どもたちの「物語る」行為に近いものがあるのかもしれない。彼は多くの絵本作家が試みるような、子どもの心理特性を模倣した表現を選ばず、「物語る行為それ自体によって今を確認しながら生きる子ども」を描くという行為の中で生きていたのではないか。長新太の作品がなかなか適切な評論のことばを持ち得なかったのもここに起因するのかもしれない。

(4)　描くことと語ること

物語が構想できないうちは描けないというのは、一般的な創作の道筋である。ところが、今回子どもたちが手作り絵本を作り上げていく過程を見てみると、描けた時に物語が動き始める、ということもあるのだと知った。

『ほしくんとおつきさまとたいよう』（やまぐちゆうき作）という作品を見てみよう。

表紙の絵を見ると、星の五つの突起と、星の内部に表情をつけるという行為が統合されず、五つの星のとんがり部分と、顔のついた星の内部が、二つに分かれて、ばらばらに小さく描いてある。

担任の先生のお話では、作者は他の子どもたちがどんどん物語を作り上げていくのに対し、「星が描きたい」というだけで、なかなか物語が動き出さなかったらしい。

ところが、見開き1ページ目。表紙ではどうしてもできなかった星の五つのとんがり部分と星の内部がちゃんと合体されて星の絵が描けている。

すると、この絵の完成と重ねて

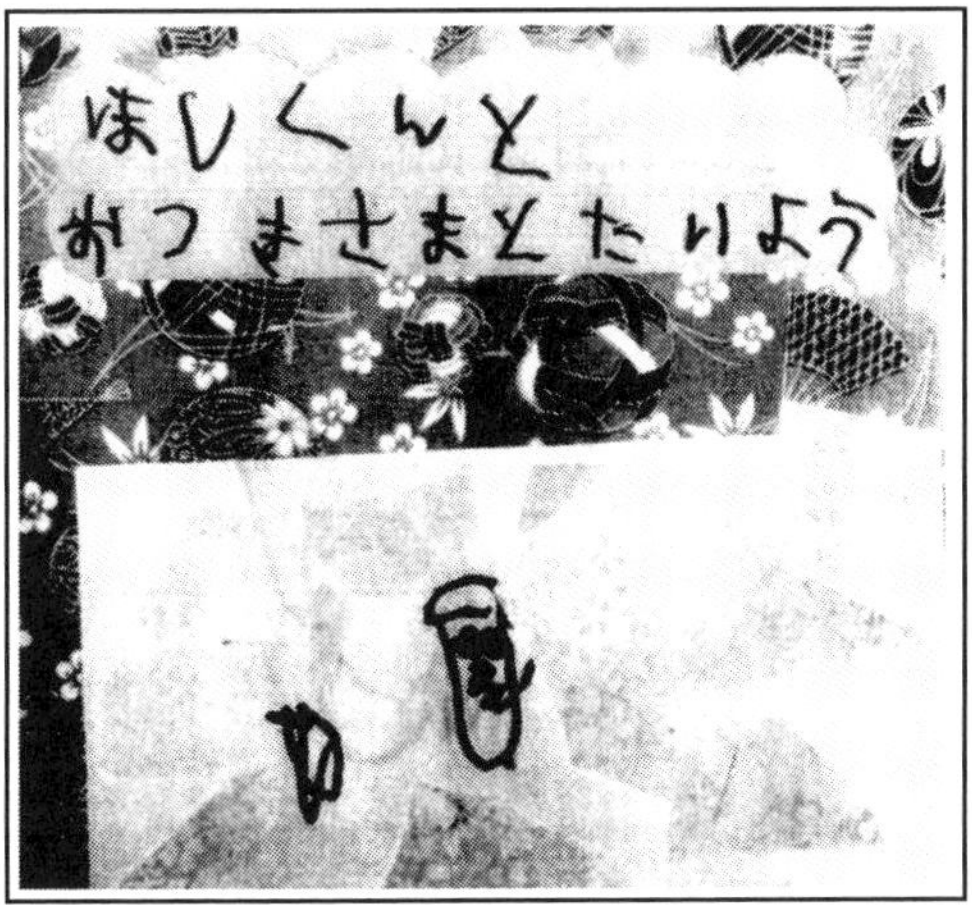

表紙

ほしくんというなまえの、ちいさなほしがありました。

という語りが誕生している。そして、次の見開きページでは、星を描くコツがわかったのだろう、格段に勢いをもった絵が書けるようになっている。すると、この勢いのある絵に導かれるように、語りは

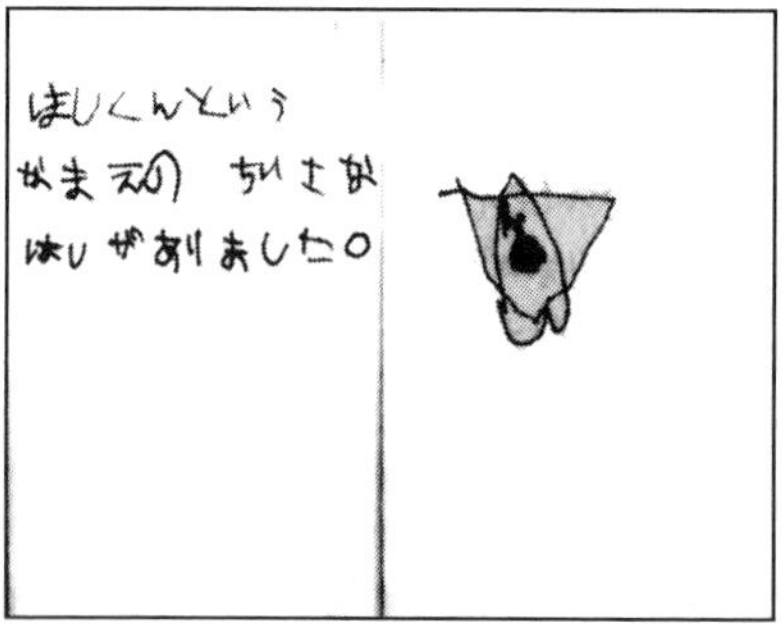

①

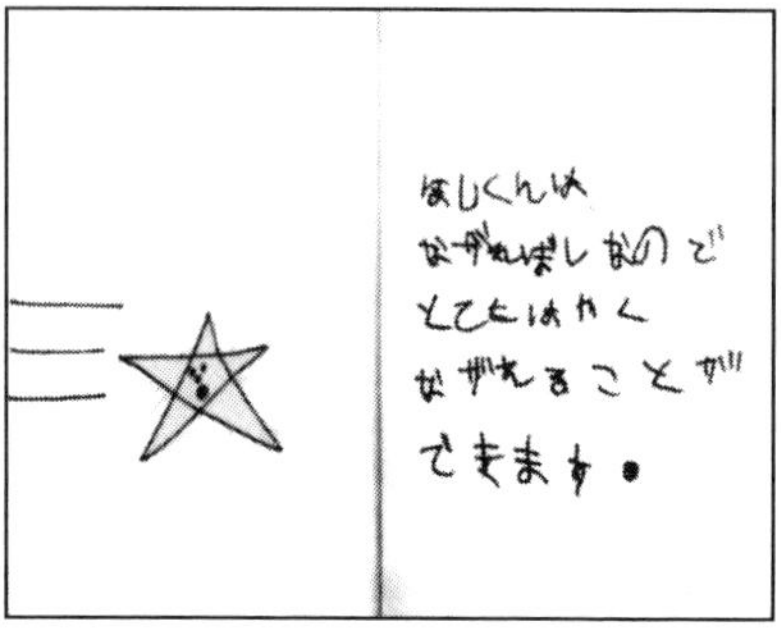

②

ほしくんはながればしなので、とてもはやくながれることができます。

と展開する。ながればしという属性は、最初から設定されたものではなく、作者がスピード感のある絵を描けたことによって生まれた特徴だろう。これを機にほしくんは、偶然活動的になり、太陽や月のもとを訪ねて行く。そして、自分も太陽や星のように大きくなりたいと考えた彼は、

よし、ともだちさがしにいこう！

と決意する。ここでは「そうだ！」ということばに導かれるようなアイデアでなく「よし」という決断を意味することばが選ばれていることから、作者の、自分で決めて自分で行動しようとする積極的な姿勢がすでにこの物語作り

の中に出現していることがわかる。

この後ほしくんは、オレンジの星赤い星青い星と順に出会い友だちの輪を広げていく。注目すべきは、オレンジの星と出会って友だちになった後赤い星に出会う時、ちゃんとオレンジの星も傍にいる、ということ。また、青い星に出会うとき、オレンジの星も赤い星もちゃんと傍らにおり、それが絵できっちりと描かれていることだ。この関係性の構築の仕方が、この物語のラストへとしっかり繋がっていく。

みんなでずっといっしょにいることにしました。

この一文を導き出すことは作者にとってさほど難しいことではなかっただろう。それは、知らず知らずのうちに自分が描いてきた絵の中の関係性そのものだったから。そして、最終場面では、画面中央に台詞なしの大きな絵。

作者は、このラストを想定して書き始めてはいない。けれどこの「手作り絵本」を作り上げる過程で、だれかがだれかに心を寄せ共に在ろうとすると何が生まれどう育っていくのかを知ったのだろう。その「知っていく行為」そのものが物語りに結実した例だと考える。

3　結論——五歳児が物語るということ

ひとことでいうならば、子どもたちにとって「物語る」という行為は、自分の生を自らの力で充たしていくことであった。

「語り」と「物語」は、一般的に narrative（ナラティヴ）という言葉に包括される。

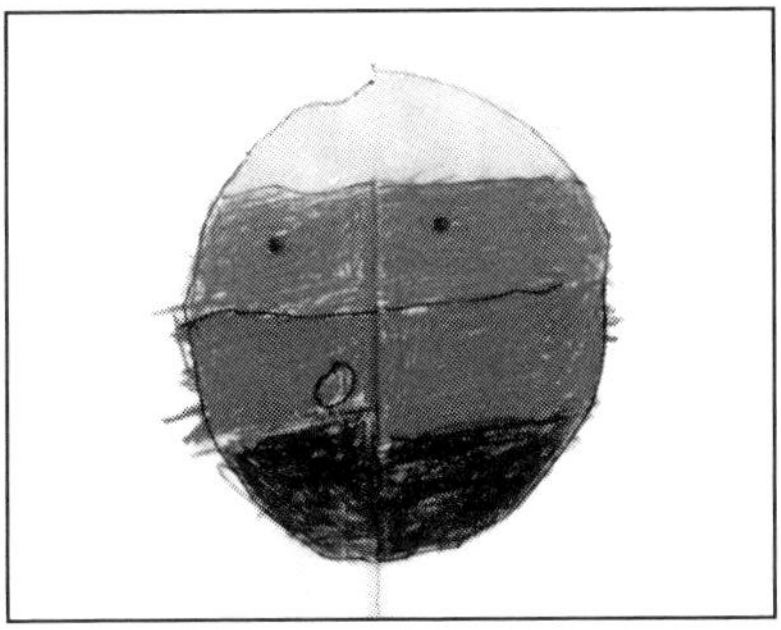

ラスト場面

近年では、思考や行動が言葉によって規定されていることに着目して、その言葉の枠を組み替えていく新しい試みとして「ナラティヴ・アプローチ」なるものも出現している。しかし、今回あえて「ナラティヴ」でなく「物語る」という表現を用いて考えようとしたのは、すでに存在する「物語」をなぞりながら「語る」という行為でなく、今まさに現在進行形でさまざまな出来事や思いを紡ぎ合わせて前へ前へと進む行為そのものを「物語る」という表現で捉え直してみたかったからだ。

ちなみに、野口裕二は『物語としてのケア』(2002) の中で、「物語るという行為は、生きる世界の「地図」を手に入れることだ」と述べている。野口のいう「生きる世界の地図」は、時間的認識と空間的認識という二つの作用を含んでいる。物語るという行為は、この二つの作用によって、単独の言葉だけでは表わせない事態の繋がりを表現し、世界の理解の仕方を変えてしまうほどの力を発揮する、というのだ。今回見てきた五歳の子どもたちの作品をながめてみると、男子と女子では、この「生きる世界の地図」における時間的認識と空間的認識という二つの「語り」の軸の折り合わせ方が異なっていることが明らかになったのは、一つの成果であろう。

また、I幼稚園の子どもたちの表現で非常に特徴的だったことは、子どもたちが「大人から期待される物語」の呪縛から解き放たれていたことである。野口は前掲書の中で「わたしたちは、なんらかの『支配的な物語』に深く影響され、制約されながら、日々の『語り』を生み出している」と述べ、それに反発する場合でも「反・支配的な物語」というかたちで、その「支配的な物語」を下敷きにしている、と主張する。しかし、どうやら『ぼくのすきなもの』や『しゃちのたび』で示された子どもたちの語りは、自分を生きるチャンネルを切り替えるという操作、あるいは、非常に強い身体性の中に感性を注ぎこむという操作の中で、「支配的な物語」から無縁でいられたのではないか。大人が子どもを仮装して「支配的な物語」を意図してはずし笑いをとろうとする試みとの違いは、そこにある気がする。先にあげた「ぼくのすきなものは～です」「それと～です」「それと～です」のように、いろんなぼくの好物を並べておいて、最後に「でも一番すきなのはおかあさん」とくるのが「支配的物語」であり、わざと最後に「おかあさんでないもの」を持ち出してくる大人の手法が「反・支配的物語」だとすれば、最後まで今その場で思いついた自分の心を占める「いちばん好きなものはめんたいことごはん」をそのままに描いた今回の子どもの絵本は「脱・支配的物語」ということになる。

また、学校教育の中で子どもの表現を整えるという行為が、いかに子どものことばと身体の関係性を削ぐ危険性に満ちているかということも明らかになった。敬体と常体の混同は、作文教育の中では一般的に是正するべき事項となっている。しかし、子どもたちの表現の中には、対象物あるいは自分を取り巻く世界と自分との心的距離が、常体と敬体との使い分けになって表われてくる場合が多く見られた。五歳の子どもにとって、世界はこのように自分に引き寄せられたり遠ざかったりと伸び縮みするものだということを改めて教わった気がする。

最後に、子どもたちの作品を見たある児童教育関係の研究者が指摘したことがらについて考えてみたい。その研究者は、「園でのような絵本づくりをすること自体、子どもにとっては苦痛な行為である。いくら強制的にやらされたのではない、喜んで描き語ったのだとしてもそれは喜んで描き語る子どもを期待する大人に応えようとする重荷以外のなにものでもない」といった。

先ほど「脱・支配的物語」ということばで語ったように、今回の創作行為の中には大人の期待に応えようとしたり逆に抗議するというような「支配力」に向かうベクトルは極めて弱いような気がする。その意味で絵本創作中、彼らは使える語彙や選べるクレヨンの数に届せず極めて自由であったように思う。しかし、この研究者が語った「苦痛」ということばは、別の意味で非常に注意深く考える必要がある。創作という行為は、大人にとっては自由であるがゆえにその自由の王国の中で、徹底的な孤独と、語りによってどんな風にも自己をかたちづくっていける怖さを同時に味わうものである。これに対し子どもの「物語る」行為は、世界とのどこまでも親密な対話であり、そこに孤独はない。先に具体的に見てきたように、世界は子どもたちの外にあるわけでなく、いつも内側にある。独楽が黒々とした道を転がる時、自分もくるくると転がっている。しゃちが大海原を横切る時、自分の身体は波を掻き、痺れるほどの水の冷たさを感じている。

こうして見ていくとやはり、大人にとっての「物語る」行為が自分を確かめる孤独な営みであるのに対し、子どもにとって「物語る」ことは、のびること、ふくらむこと、溶けること、そして、自分の生を喜びで充たしていくことに他ならないのではないか。

この問題提起は、私と自己の関係論としてとらえ直すこともできるだろう。確認されるべきことは、「私」の中の自己を前提にしている大人と、「私」の中に自己のない子どもとの違いである。「私」から区別される自己とは、私の全体を整序化・秩序化するもの、私の全体を、情況の中に位置づけるもの、私の立ち位置を定め、空気を読むもの、そしてもちろん、孤独を生みだすものである。

これに関連することであるが、澤田精一は昔話「猿婿」を語るお婆さんの例をあげ、その迫力ある語りの本質を近代的表現論から逸脱したところにあると分析した。近代的な表現論から考えると、場面場面での演出は物語の展開や登場人物の格付けなどからこのように語るのがいいと判断される。そうして、クライマックスに向かって物語は完結していく。ところが、昔話を語るこのお婆さんの語りは「一本の線路にいってみれば横からずいと自分自身の存在を持ち込んでくるもの」であったという。近代小説が生まれ、近代演劇が生まれ、そういう一連の芸術運動の中で絵本も誕生した。従って、現在輩出されている多くの絵本も揺るがない物語構造を備えることが前提となっている。しかし、今回子どもたちが「物語った」手作り絵本は、そうした物語の砦をやすやすと壊すものであった。これらの絵本が示してくれたものは、澤田が紹介したお婆さんの語りに繋がる、近代的な表現論からはずれたところでの子どもと物語の関係といえるのかもしれない。

ともあれ、こうした「物語る」という喜びで自分を充電していく力を、子どもたちはどのあたりでなぜ放棄していくのか、今後縦断的にその変化の過程を見守っていきたい。

（むらなか・りえ　梅光学院大学）

謝辞：広島井口るんびに幼稚園のみなさんと寺井知香先生に心からお礼申し上げます．

【参考文献】

くすのきしげのり　2008　石井聖岳絵『おこだでませんように』小学館。
澤田精一　1996「語りの中に反近代をうかがえば」『季刊ぱろる』第４号、パロル舎。
長新太作　1984『ごろごろにゃーん』福音館書店。
野口裕二　2002『物語としてのケア』医学書院。
エング、ヘルガ　深田尚彦訳　1999『子どもの描画心理学』黎明書房。

2

無頼的であることをめぐって

——寺山修司にみる教育的意義の端緒——

上坂　保仁

〈概要〉

本論文は、寺山修司の「無頼的であること」の含意を明らかにする。それは、自己疎外の情況のなかでの実存的苦悩をともなう孤絶に対峙することであり、一回性や偶然性、また、固定化の忌避としての流浪、拘束性からの逃走という流浪であり、権威づけられれを退ける「非‐正統」の思想であり、さらに「肉体の復権」への連なりである。無頼的であることは、したがって、およそ「正統」とみなされて語られる学校教育、すなわち教育内容、教育方法、教育(的)関係への問題提起となるだろう。なるほど、無頼的であることは、有用性の視点からするならば、およそ無駄な、役に立たないものとして排斥されてしまうかもしれない。しかし、「生身」の人間にとって、無頼的であることは、アクチュアリティであり、肉体的存在自体、関係の冗長性の承認に連なっている。

1　序論――虚実をめぐる問いかけ

本稿では、短歌・演劇・映画・批評をはじめとした諸領域にあって、領域なるものを交差し、あるいはそれらを越えて活動を展開した寺山修司（1935-1983）を題材にとり上げる。

職業は何かと問われるや、「職業は寺山修司です」と即答する。他人から同様に訊かれ、答えたくないのなら、「「詩人」と言えばいい」と薦める。「酒場がぼくの学校だった」と幾たびも発言する。「町へ出よう」と若者に力説する……。「無頼」という言葉が示す行為が、ひとつに放浪や宿無しを意味するのならば、「演劇実験室◎天井桟敷」[1]（以下、「天井桟敷」）で展開された「実験劇」また「実験的映画」に象徴される寺山の創作活動は、無頼的と約言可能であろう。このことは、競馬批評（評論）、ボクシング批評、あるいは作詞／作詩活動等、いずれにあって同様である。そもそも、虚実とはいったいどのような線引きがなされながら語られているのか、換言すれば、何が現実で何が虚構なのかという問いは、寺山にとって根源的問題であり課題であった。今回は、幾多の批評や作詞作品を中心的題材としながら、上記虚実の問題にかんする前提的問いかけを確認しつつ、「無頼的であること」の教育的意義を考察してみたい。

冒頭で、寺山の活動領域とは、諸領域を交差あるいは領域を越えたものとあえて概括したが、厳密にはそもそもこの点からの精査が必要である。八面六臂の活躍を証すように、歌人、劇作家、演出家、映画監督、批評家等、幾多の呼称を自らに冠せられるなか、「職業は寺山修司」と発言するには寺山による意思がある。「近頃では、人は階級か、世代か、職業か、あるいは名前かで分類されるのが通例」、「これらは、（中略）何人かの共通点（たとえば共通の利益、とか共通の経験）をとって、便宜的にパターンにはめこんで分類しているにすぎない」（寺山 1972: 178-179）とはそれを明かす象徴的文言である。その文脈からすると、寺山にとってそもそも、交差され越えられるような「領域」の定立は望まれていなかったことが理解されよう。このことは、かれが終生問うた虚実をめぐる問題、すなわち、いわゆる現実と虚構との境界をどのように捉えていくべきかという問題に連なる[2]。生きる人間にとって、そもそも「現実」とは何か、「フィクション」とは何か。

「許される虚構と、禁じられる現実といった割り切りではとらえられなくなってきている虚構と現実との混合を、想像力によってトリミングしてゆく「内なる劇場」」（寺山 1971a: 51）。

「天井桟敷」の「実験劇」は、頻々に「前衛劇」や「アングラ劇（アンダーグラウンド演劇）」と称される。もちろん、演劇論として劇作の方法や演出方法の観点から、近代劇の中核的位置たる「新劇」に対するカウンターとして「前衛劇」が位置づけられることは珍しくないが、劇団名に織り込まれた「実験」の根源的問題と課題のひとつには、生きる人間の日常的生活において、何を現実とみなし何を虚構とみなしているかとの問いとメッセージがいたるところに込められている。劇場の外が日常という現実であり、上演中の劇場内は虚構であると即答できるのか。新劇をはじめとした既存の演劇に対する疑義を、柄谷行人との対談で「一番苛立つこと」としながら問うている。

「何故特定の劇場の中で入場券を買って入ってきた人達との関係でしか演劇は成り立たなくなってしまったのか……。（中略）劇場以外の外にもっと沢山のマクベスを観ることができるような機会を組織できるような方法はないだろうか。そういうものを政治的な街頭ブランキズムみたいなものとして捉えるんじゃなくて、演劇というカテゴリーの中で捉え直す方法がないだろうか、という関心がある」（寺山・柄谷 1980: 64）。

このことは、寺山の「実験劇」の特質を明察した扇田昭彦による言辞が理解を助けよう。

「彼は演劇の存立基盤そのものに疑問をつきつけ、（中略）演劇の概念自体をも新しいものにした。つまり、演劇は演劇ならざるもののなかに流れこむことによって、命名しがたい不可思議で刺激的なものに変身し、同時に流しこまれた対象も従来の姿を変えられて多分に演劇化し、虚構化した」（扇田 1980: 71）。

なかでも、実際、寺山による「市街劇」の試みは、ひとつのスキャンダルとして「世間」なるものから毀誉褒貶にさらされた。特に「天井桟敷」第二二回公演、「三〇時間市街劇　ノック」（一九七五年四月）は、東京・杉並区内（阿佐ヶ谷付近一帯）において、劇の公演場所が明示されることなく「上演」された。例えば、町なかに立っている警官とは、警視庁所属の警官なのか、それとも「天井桟敷」の劇団員が警官に扮しているのか。公演に先立ち寺山は明言している。

「私たちは、日常原則の中に、虚構の異物を持ちこみ、疑問符をさしはさみ、「あなたはどこに居るのか？」と問いつゞけるのです。

……日常の現実原則を、劇的想像力によって再組織するドラマツルギーの冒険行である」（寺山 1975: 1）。

われわれが日常と呼びながら生活する「現実原則」への問いかけとは、現代社会において一般化され、あるいは固定化された「自明」とされる問題に対し例外なく矛先が向けられることであった。日常とされていることがらへの揺さぶり。このことは、以下の各々のテーマに着目していくなかで、「無頼的であること」を支えるひとつの前提的問題と理解されてこよう。

2 「家出」をめぐる無頼――脱出と出発

寺山は一九六〇年代、大学における講演会、ティーチ・インや「自主講座」において「家出」を論じた。そこでの「アジテイト」は、「教育関係者」を称する人物たちからをはじめとして、批判の矢面に立つことになったが寺山の主張は終始一貫していた。講演等を集約した『家出のすすめ　現代青春論』(寺山 1972)[3]は主著のひとつとされることがあるが、主唱された「家出」において無頼に連なる思想的特徴とはいったい何か。『ドキュメンタリー家出』内の冒頭「家出論」からまず以下を引用してみる。

「戦前の、天皇を紐帯としたわが国にあって、「国家」と「家」とは同価値におかれていて、国家が本家で、家族が分家という考え方が忠孝の連続性として存在していたのです」(寺山 1969b: 15)。

容易に理解されるように、いわゆる「家父長制」からの解放、あるいは「国体」を根底から支えた「家」および「家制度」からの解放という視点が内包されてはいる。しかしながら、一九六〇年代の情況を指し、同書の第一文目から次のように積極的に主張する。

「最早、家出するにも「家」がないではないかという考えが一般化しつつある。「家」がわれわれにとって桎梏であるあいだは、それからの解放が思想の斧であり得たものだが、はじめから壊れてしまっている「家」などから出たところで何になるだろう」(寺山 1969b: 11)。

ここで、「家出」とは寺山にとって所詮論争の対象でしかなく、結局は「家制度」を肯んじる要素を含んでいるとみては拙速に過ぎる。「大家族制度を克服しても、愛情機能の桎梏だけは、対決しようとしなかった」(寺山 1969b: 16)との一文と照合するならば、「家」における、とりわけ個的な愛情にかんする「桎梏」からの解放を促していることが確認されねばならない。このことは野球のゲーム・システムを俎上に載せながら述べた以下のイロニックな批評が理解を助けよう。

「……私はホームインの回数を数えるような生活が好きではない。（中略）あのナイターのテレビの灰色の画面の中に映し出される男たちのホームインは、いわば幸福への偽証にすぎないのだ。あんなものは、何一つ日常生活の変革などにむすびついたりは、しないことだろう」（寺山 1966b: 91）。

朝に自宅を出て、夜に自宅＝ホームに帰るルーティーンは批判の対象でしかない。寺山にとって、「日常生活」とは「変革」されねばならないものであった。そのためには、真っ先に、一般化された「日常」から脱出する必要が生じる。高度経済成長期の社会情況において、いまだ「家制度」が渦巻く「地方」という故郷からの脱出こそ、若者が実践しなければならない第一の行為と寺山は主張したのである。だからこそ、「地方」の高校生から寄せられた「何もすることがなくて困る」との相談に対し、「きみはまず「家出」をするべき」「腕立て伏せを一〇〇回やり、荷物をまとめて家出せよ」（寺山 1993: 44）と突き放すがごとく促す。

このことは、寺山が頻々に「逃げる」ことを称えたことと同様の文脈である。競馬批評を例示してみよう。「逃げ馬キーストンを評しいう。「キーストンなら「さよならだけが人生だ」という詩の比喩になりきれるだろう。そしてそれは自由を求める魂の連続体として、永く人たちに暗示をのこすだろう。だが、逃げるものには、追うもののような目標がないだけに苦しいのだということを、キーストンは見せてくれるのではあるまいか」「キーストンは逃げた。キーストンは美しかった」（傍点、引用者）（寺山 1966c: 145）。寺山にとって「逃げる」とは、ときに否定的価値を「世間」から与えられがちな問題として捉えられることはない。とりわけ傍点部において端的なように、さまざまな桎梏からの解放と同時に、投げ出された個体が直面する苦悩をも積極的に捉えていくことを促している。

その意味で、「家」から「逃げる」こと、すなわち「家出」という脱出の「すすめ」には、自己疎外された情況への対峙、および、実存的苦悩をともなう孤絶への対峙が不可避であろう。寺山における「家出」をめぐる無頼的特徴のひとつはこの点にある。「家出」についてテレビ番組内で語る寺山が、親との「付き合い方」をめぐって、まずは「家出」をした後に新たな関係を築くべきと語っているが（寺山・黒柳 1977）、同様の捉え方に因る。また同時に、寺山における「家出」とは、脱出であるのみならず、出発でもあった。そこには自己（自身のみ）による、未知なる未来への「賭け」の思想が内包されていると指摘できよう。

「わたしは、同世代のすべての若者はすべからく一度は家出をすべし、と考えています。家出してみて「家」の意味、家族のなかの自分……という客観的視野を持つことのできる若者もいるだろうし、「家」をでて、一人になることによって……東京のパチンコ屋の屋根裏でロビンソン・クルーソーのような生活から自分をつくりあげてゆくこともできるでしょう。（中略）やくざになるのも、歌手になるのもスポーツマンになるのも、すべてまずこの「家出」からはじめてみることです」（寺山 1972: 64）。

3　「町」またはときに「港」をめぐる無頼――流浪

寺山における「家出」は都会という「町」を目指した。それは「書を捨てよ町へ出よう」という言葉に象徴的である。一九六七年上梓の評論集『書を捨てよ、町へ出よう』（寺山 1967）、一九六八年「天井桟敷」公演作品である戯曲『書を捨てよ町へ出よう』（於：東京・新宿厚生年金会館小ホール初演、一九六八年九月三日～七日）[4]、また寺山主宰の「人力飛行機プロダクション」と日本ATG（アート・シアター・ギルド）製作による映画『書を捨てよ町へ出よう』（一九七一年、日本ATG配給）[5]というように、繰り返し提示された言葉である。とりわけ戯曲にかんしては自ら「家出劇」と呼称している(寺山 1968b: 3)。それは、八七名の「ハイティーン」が舞台に登場する「実験劇」であった。「天井桟敷」発行の新聞には次のように書かれている。「日本家出史における、正統的な系譜をたぐり、その思想と実践を追求しながら、土着と近代の連続と非連続、対決と妥協の実相を探る。東京へ行こうよ、東京へ」(寺山 1968b: 3)。「町」(あるいは「市街」)の象徴としての「東京」は寺山におけるひとつのキーワードといっても過言ではない[6]。そもそも、「町」とは「書物」が刻印してきた世界とは乖離しており、もうひとつ別の世界であるとかれは考えた。

「肉声が往復可能であるのに比して、書物が片道伝達しかはたさない」(寺山 1968a: 112)。

寺山にとって書物は否定されるべき存在ではなかったが、文字通り多様な人間が生きる「町」は「往復可能」な「肉声」が行き交う空間として尊重された。過去の「事実」が「歴史」として刻印されてきたとされる「書物」はその限りにおいて疑問の対象とされた。「おれは歴史そのものを偶然的な無目的なものだと思っている」と明言する寺山からすれば、為政者をはじめとした「書くことのできる」人物によって「書かれ」てきたと推察されるゆえに疑われたことはもちろんであるが、記述された瞬間に固定化されてしまう「書かれたもの」であるゆえに、前提から疑いの対象とされるのは自然であったといえる。

〔歌詞❶〕「もう頬づえはつかない」(一九七九年発表)
「世界歴史の教科書に
さびしいという文字がない」(寺山 1979)

「町」で生きる人間に起きていること(起きたこと)とは、「書かれたもの」とはまったく異なる。「過去はストーリーであり、未来だけがエクスペリエンスであり得る」(寺山 2000: 136)、あるいはまた「あらゆる歴史は過去(ストーリー)であり、思い出である」(寺山 2000: 137)と述べたのもその意味からである。

寺山にとって、「町」での出会い(そして別れ)、また、そこでのあらゆる出来事とは、一回性、そして偶然性を特徴とするがゆえに尊重されたと指摘できよう。「必然性を敵対視した反唯物的な願望」(寺山・鈴木 1974: 44)を表明し、「大部分の人たちは「必然」という妄想に憑かれ、シェストフやシュペングラーのかわりに、マルクスやエンゲルスの書物を枕許に置いて眠るようになり、物質世界が私たちにもたらす変化の大きさに、目を見はるようになっていった」(寺山 1968c: 38)と述べる寺山にとって、必然性は批判の対象でしかない。

「進歩発達という考え方は理性に裏打ちされた必然の思想である」(寺山 1968c: 38)。
「同一化への不信感というものが非常に根強くある」(寺山・鈴木 1974: 44)。

「町」においては、生きる他者自体と接することになる。精確にはそのさい、誰とも話さない人間がいたとしても、それをも包含している。「町」における生きる他者自体との接触とは、ただ音声を発して会話をすることに限らないということである。つまり、寺山の考える他者との接触とは、必ずしも音声言語のやりとりに限定されるわけではない。例えば、野球のキャッチボールを指し、「……僕らはキャッチボールによって、肉体的な会話、言葉のないコミュニケーションというものを学んだ訳ですよ」と述べ、「キャッチボール」による「コミュニケーション(野球民主主義とでもいったもの)」が「僕」と「相手」との「内面的つながり」を確認する極めて重要な、自己と他者の関係性の問題とみなされている(寺山・野口 1965: 3)。

それらを確認したうえで、他者との接触の不可避な「町」とは一種の混沌と約言可能ではあるが、いずれにせよ、誰に何が起きるかわからない、誰が何を起こすかわからない、いわば「町」の偶然性は、寺山において徹底して尊重されたといえよう。だからこそ、「天井桟敷」の「実験劇」の理念をめぐって偶然性の問題を幾多の場面で俎上に載せた意味も理解されてこよう。状況劇場の唐十郎との対談でいう。「俺は「知らない人間と知らない人間が知らない場所でバッタリ出会う」ことの偶然性を想像力で組織するのがドラマツゥルギーだという考え方が根底にあるわけだ」(寺山・唐 1976: 26)。あらためて、以下の引用をみることで明確になろう。

「「出会い」を必然としてとらえようとするのが政治学ならば、われわれはその対極において、「出会い」を偶然的なるものとして認識する」(寺山 1971b: 3)。

＊　＊　＊

これまで、寺山において「町」をめぐる無頼の特徴のひとつとして、偶然性を指摘した。次に、「港」に喩えられる流浪の問題を、いまひとつの思想的特徴として示していきたい。寺山にとって「町」とは、ときに「港」と同義でもあった[7]。

〔歌詞❷〕「新宿港」(一九七四年発表)

「ひとの涙が　海となり
いつかその名も　新宿港

流れついたは　流れついたは　浮世のさだめ（中略）

かもめという名の　安酒場

ネオン消えれば　もうお別れさ
あなた出船の　あなた出船の　手をふりながら」(以下略)(寺山 1974)

上記の引用は、「新宿港」と題された歌謡曲の歌詞である。理解されるように、「町」である新宿を港に喩えている。冒頭の「海」＝市街である「新宿」であり、そこでの雑多性、多様性、また、包容性を詠っている。「流れついた」、「浮世」、「出船」（□部）は、流浪を端的に示す歌詞である。そしてその場としての「港」、「安酒場」（傍線――部）が詠われる。入ってきた船はやがて必ずや出て往く「港」。同様に、入ってきた人間はやがて必ずや出て往く「酒場」。それは航行する「船」の一時的な寄港地でしかない。このようにみてくると、「港」になぞらえられた「新宿」という「町」とは、個的な人間の、流浪の孤独とそのさいの実存的な孤絶が渦巻く情況として描かれていることが指摘されてこよう。

このことは、一時的な寄港地たる「酒場」にいま一度スポットを当てることで、いっそう精確になろう。寺山作詞の歌謡曲「酔いどれ船」からの引用である。

〔歌詞❸〕「酔いどれ船」（一九七〇年発表）

「一人で酒をのむやつぁ　ときどき猫に話しかける
別れた人を思い出すだろう
二人で酒を飲むやつぁ　こんや燃えなきゃあすはない
泣いて笑って朝には他人
おいでよ　おいでよ　酔いどれ船においで
あたしと一緒に船出をしよう
ふしあわせという名の夜をのがれて」（寺山 1970b）

「泣いて笑って朝には他人」、「酔いどれ船」、「船出」（□部）といずれをも、「新宿港」同様、一時的な寄港を予想させる内容である。先に触れたように、港に入った船はやがてまた出て往くのであり、寄港は定式化に回収されず、固定化されない。寺山が「町」を喩えた「港」にこだわる思想的要諦は、この点にあると指摘できよう。歌詞❷において、大空を舞う「かもめ」（〰〰部）という暗喩は、実存的な孤絶を内包しながら、拘束性からの逃走という流浪の象徴として詠われたといえよう。扇田による同様の指摘が、このことをより明確にしてくれる。

「だから寺山修司が夢想するあこがれの街は、徹底した無宿人と永遠の放浪者の街だ。……本来的に無目標、無計画から出発する旅への「すすめ」であったことは重要である。つまり、寺山修司の主張する脱出は、つねに帰港地のない、寄港地ばかりの航海なのだ」（扇田 1980: 58・59）。

「町」や「港」をめぐる無頼から浮き彫りになった、固定化されない流浪、拘束性からの逃走という流浪は、さらなる特徴を指摘可能である。それは「非－正統」の思想的特徴である。若干視点を変えて、一九六〇年代後半における大学闘争をめぐる寺山の叙述に着目してみることにしよう。いわゆる大学を構成するあらゆる権威に対しての批判にとどまらず、寺山にあっては、闘争当事者をめぐる諸問題をも内包しながら、フィックスされた諸々の「特権」に対しての痛烈な批判が展開されている。若干長くなるが引用してみよう。

「今度の東京大学闘争の中で、七項目要求といったことを問題にするのは、たいしたことではない。少なくとも、その要求の内容と、ジュークボックスに十円玉を投げ込んでビートルズの「レボリューション」をきいているハイティーンとは、無縁である。トルコぶろでむされているオーマイ・パパとも、やくざ映画のスチールをとっているカメラマンとも、無縁である。「医学部の粒良君の処分」と、フェザー級チャンピオン西城正三とはまったく無縁だし、食堂三平のあけみちゃんとも、まるで無縁なのだ。そして、機動隊と血の激突をせまられている大学問題の本質が、大部分の大衆と無縁のところで生まれ、闘われてきているところに、実は問題のより深い病巣がひそんでいるのではないか」（傍点、引用者）（寺山 1969a: 20）。

上記からは、寺山の社会批判的視座を指摘できるが、そこにとどまるものではないといえる。換言するならば、寺山にあっては、権威主義的要素を批判する根源的理由のひとつが、「正統」の忌避、すなわちいわば「非－正統」の思想として指摘できるのではないか。「大部分の人がパチンコと流行歌とプロ野球で生きているのに、パチンコ、プロ野球、歌謡曲を媒介にして思想が語られないでいるあいだは、「中央公論」の巻頭にも、「世界」の巻頭にもそこに掲げられている論文は、その言語を持った人だけでしか有効でない」（寺山・鶴見 1969: 118）との主張も同様である。「町」における「大部分の大衆」の、各々の個体と乖離した問題とはいったい誰にどれほどの意味をもつのか、寺山にとっては疑義をいだかざるを得ない問題だったと理解される。

副題に「「本工の論理」としての近代市民社会」と題された五木寛之との対談において、寺山は「本工」と「臨時工」をめぐり議論を交わしているが、既述の指摘がより精確になろう。

「……「本工」というのは組織化されることによって持続し、権力を内包する構造をもちやすいので、すべてが「本工」をめざし「本工」に組み込まれてきた歴史というのはいわば体制の側からの視点にすぎない。（中略）だから組織労働者である「本工」が「弱者」などという思いあがった言葉を使うのは許されない……（中略）。
「これは「本工」というものを前提にするから、人間の原型というものを勝手に設けて、他を欠けている、欠損しているということになる。ところが、人間には本来的に原型がない、存在が本質に先行しているわけです。つまり「本工」なんてないんだ、ということになればね、あらゆる者は「臨時工」になるわけでしょう」（五木・寺山 1975: 30・31）。

「体制」批判に顕著な、権威主義的要素への批判という社会批判的視座は容易に指摘可能であろうが、「臨時工」を「非‐正統」と捉える寺山に着目したい。「正統」たるエスタブリッシュメントとは牢固として揺るぎない固定化の象徴であり、およそ「町」の「大衆」の個体とは無縁に等しい。

＊　＊　＊

以上のようにみてくると、「町」またはときに「港」をめぐる無頼の思想的特徴として、ひとつには、偶然性が指摘できると同時に、固定化が忌避された流浪、すなわち実存的な孤絶を内奥に含めながらの、拘束性からの逃走という流浪を指摘できた。さらにはまた、「町」を俎上に載せる寺山において、「非‐正統」の思想をいまひとつの特徴として挙げられよう。そのさい、多分に詩的要素を含んでいることも確認されておかねばならない。

「かもめは飛びながら歌をおぼえ
人生は遊びながら年老いてゆく」[8]

4　「あしたのジョー」または「ボクシング」をめぐる無頼——「立っている」ということ

寺山はボクシング（拳闘）漫画およびテレビ動画「あしたのジョー」（高森朝雄原作・ちばてつや画「週刊少年マガジン」講談社、連載）（高森・ちば 1968-1973）にかかわりをもった。テレビ動画の主題歌およびエンディング・テーマの作詞、あるいは一九七〇年三月には音羽の講談社講堂にて、登場人物「力石徹」の葬儀を喪主として挙行した。第一節に指摘したことから理解されようが、漫画という想像的世界であっても、寺山においてはひとつの現実性をもっていた。「あしたのジョー」における「出来事」は、生きる人間である読者にとって、ひとつのアクチュアルな問題として捉えられた。漫画の登場人物の人生と、生きる人間が対等に語られても不思議ではないことを確認したうえでみていきたい。寺山は「誰が力石を殺したか」と題した「日本読書新聞」における文章において、「「あしたのジョー」では丈と力石徹の対決のなかに、さまざまの比喩を投げこみ四角いジャングルの中に六九年から七〇年へかけての闘争的な時代感情を反映してみせるわけだが、丈と片目の丹下と少年院上り（引用者注：原文ママ）のセコンド西とは、俗に言う雑草ジムに立てこもって権力と対峙するのである」（寺山 1970a）と述べ、体制権力への対峙と徹底した抵抗を「あしたのジョー」においても投影させたが、のみならず、以下の二点を指摘したい。

ひとつは、ボクシングをめぐって、まさに「雑草」のごとき「無名」のボクサーに対する共感的視点である。

「ボクシングでは、みずからのパンチに自分の価値を賭けて闘う地方出身者の、はげしい力の背後に、暗い田園や、農村の因習の、「家」の桎梏が火花を散らして打ちこわされてゆくような迫力を感じることがあります」（寺山 1972: 144）。

「名もなく貧しい地方のハイテーン（引用者注：原文ママ）にとって、栄光への脱出へのコースがボクサーになるか歌手になるかしかない社会というのは、不幸な社会だ。しかし、そんな不幸な社会のサンドバッグを殴る力にも、ときには変革の可能性がひそんでいるのである」（傍点、引用者）（寺山 1969c: 28-29）。

とりわけ直前の引用は、「無名」の実在のボクサーを例示して述べられたものである。ここには、前節と同様の文脈として、「非‐正統」の思想が指摘されよう。

いまひとつには、寺山にとってボクシングとは、個的な人間の存在自体にかんする「肉体の復権」の思想性が内包されているという点である。「……ボクシングの論理は、あくまでも反政治的な個人の論理であり、他のいっさいの評釈をつけ加えるにはおよばない」（寺山 1966a: 頁数未記載）と述べているが、「天井桟敷」創設にあたってのスローガンのひとつである「「見世物小屋」の復権」の文脈と照合するならば、唯一的存在としての個別的な肉体とは、生きる人間にあっても同様に、個的な存在自体の根源性のひとつとして語られていることが推察可能なのではないだろうか。「存在」の存在論的構造としてであろうが認識論的構造としてであろうが、およそ「肉体の復権」と語られ得る、人間存在自体という根源的問題としてボクシングが提示されていたと推察されよう。だからこそ、「ファイティング原田も、海老原博幸も強かった。しかし、私たちは、聾唖《ろうあ》のボクサーの竹森正一や岡田淳一の方に肩入れしていた」(寺山 1982: 212) と述べたのであった。

これらから、「あしたのジョー」またはボクシングにおける無頼が整理されよう。すなわち、「非 - 正統」の思想、および、まさに世界に投げ出された存在自体をも尊重される「肉体の復権」であった。「立つんだジョー」とは「あしたのジョー」において頻々に用いられる台詞だが、まさに「立っている」という、人間存在の根源的問題におよそかかわり得る「肉体」の次元からの問題が再確認されたといえよう。

5　結論にかえて――「生身」への視座

以上から、寺山に指摘できた「無頼的であること」とは、次のようにまとめられよう。まず「家出」をめぐって明らかになった、自己疎外情況のなかでの実存的苦悩をともなう孤絶への対峙。次に「町」またはときに「港」をめぐって明らかになった、一回性や偶然性、また、固定化の忌避という流浪および、実存的な孤絶を含みながらの、拘束性からの逃走という流浪、そして、「非 - 正統」の思想。さらに、前節でみたような人間存在の根源的問題のひとつにかかわる「肉体の復権」への連関性である。

それらは、およそ「正統」とみなされて語られる「学校教育」制度、また学校空間における教育内容や教育方法、あるいは「教育 (的) 関係」に対する批判的な、ひとつの問題提起とならないであろうか[9]。詩的世界をともなった寺山における「無頼」は、有用性の視点からするならば、およそ無駄な、役に立たないものとして排斥されてしまうかもしれない。あるいは「とるに足らないもの」として唾棄されてしまうのかもしれない。しかしながら、生きる若者や子どもという「生身」の人間にとって、考察してきた上記のような諸特徴は、ひとつの教育的意義の端緒として指摘可能なのではないだろうか。いわば「無頼」のアクチュアリティのごときものであり、それは個的人間の想像的世界における遊民的要素をも、ひるがえって肉体的存在自体をも、あるいは関係の冗長性をも自然的に含めながら全的に「生身」を承認することに連なっているのではないだろうか。このことをめぐる一助として、杉山正樹による指摘と、松山俊太郎との対談において「細部のリアリティ」の重要性を主張する寺山の言辞を最後にあらためて提示しておきたい。

「口紅のついた煙草とか、《立っている廃墟》とか、さみしい笑いなどに、かれが観た実景、あるいは実感があるに違いない」（引用者注：杉山の指摘）（杉山 2007: 58）。

「結局、少年時代というのは自分が世界にとって非常に部分的な存在だっていうふうな感じかたをもっていない。松山さんが言ったように「いわゆる大枠のようなもの」に対しては常に無関心でいられるんですよ。（中略）……そのディテールとサスペンスだけが、少年の心を動かす。少年には、歴史は「経験」ではなくて、ただの「物語」でしかない。だから、少年は細部のリアリティを偏愛するようになる」（松山・寺山 1976: 141）。

（うえさか・やすひと　富士常葉大学）

付記：なお、本稿は、筆者発表「臨床教育人間学会第一二回カンファレンス発表レジュメ」に若干の加筆および修正をくわえたものである。

【注】

1　なお、「演劇実験室◎天井棧敷」の「◎」は劇団創設当時にしたがえば、中の小さな丸が本来は黒塗り（塗りつぶし）である。

2　寺山における虚実の問題に着目するさい、ひとつ注記の必要がある。しばしばかれの著述に対して指摘される点だが、自身の生い立ちなどをめぐりフィクション化して述べることがある。以下の指摘などに明らかであろう。角川文庫版『書を捨てよ、町へ出よう』内「解説」で中山千夏はいう。「現実と非現実とのふたまた歩きの中から重要な現実の問題をすくい出す彼独特のやり方」(中山 1975: 316)。また、「天井桟敷」第一回公演から劇団員であった萩原朔美は次のように指摘する。「フィクションとしての寺山修司」と題された叙述のなかで、「寺山さんは自身の過去を次々と作り変えて物語化してきた。どれが本当でどれがウソだかではない。どれも本当でどれもがウソなのだ」(萩原 2000: 251) と。

3　本文引用の角川文庫版が多く知られるところであろうが、当初、『現代の青春論』(三一書房、一九六三年)として出版されている。なお、このさいの著作標題をめぐって寺山と編集部で議論がなされている。

4　表題標記が公演を紹介する「天井桟敷」発行の新聞においてさえ「書を捨てよ、町へ出よう」あるいは「書を捨てよ町へ出よう」と異なった標記が散逸している(寺山 1968b: 頁数未記載)。ここでは、「天井桟敷第七回公演」(一九七〇年、於：阿佐ヶ谷公会堂)の実況録音「レコード」内の、寺山自筆による解説標記が「書を捨てよ町へ出よう」であることをもって本論内標記とした。

5　人力飛行機プロダクション＋日本ＡＴＧ提携作品、日本ＡＴＧ配給、一九七一年四月二四日公開。

6　このことを明かす一例が以下の箇所である(寺山 1973: 30)。

7　なお、これらをめぐっては、「裏町」にかんする問題に照射するかたちで以下の拙稿において考察を試みた(上坂 2008: 102-118)。

8　寺山修司「日本中央競馬会(ＪＲＡ)ＣＭ」、一九七三年放映。本論内の文言は筆者によるＣＭ映像の聴き取りであるが、その原本となる以下を文字表記にかんして参照した。寺山修司「遊びについての断章」(日本中央競馬会ＣＭ用原稿、一九七三年)。

9　もちろん、今後の課題として、例えば「人間形成」にかかわる倫理的視座をめぐり、寺山においてはどのような思想的特質が見出され得るのかといった諸点について精査が必要であろう。

【文献】

五木寛之・寺山修司　1975「市民的価値意識を斬る！――「本工の論理」としての近代市民社会」『情況』一九七五年四月号、情況社。
上坂保仁　2008「寺山修司の「裏町」描写に内包される教育思想的意味――一九七〇年代の作詞作品に着目して――」『寺山修司研究』第二号、文化書房博文社。
杉山正樹　2007「寺山修司・遊戯の人」『新潮』二〇〇七年七月号(第九七巻第七号)新潮社。
扇田昭彦　1980「寺山修司――放浪と定住の間」『別冊新評　寺山修司の世界』新評社。
扇田昭彦　1983「演劇の永続革命――寺山修司氏を悼む」『新劇』第三〇巻第七号、白水社。
高森朝雄(原作)・ちばてつや(画) 1968-1973「あしたのジョー」『週刊少年マガジン』一九六八年一月一日号〜一九七三年五月一三日号、

講談社。
寺山修司　1966a「憎悪へのつぐない――九時間目　ボクシングを観る」『朝日ジャーナル』一九六六年七月号、朝日新聞社。
寺山修司　1966b「〈サッカー〉この〝足的時代〟のエース」『サンデー毎日』一九六六年七月三一日号、毎日新聞社。
寺山修司　1966c「抒情的な幻影――第三三回日本ダービー論」（「花を啗えたターザンの肉体」）『みんなを怒らせろ』新書館。
寺山修司　1967『書を捨てよ、町へ出よう』芳賀書店。
寺山修司　1968a「幸福論」第一回、『思想の科学』No.71、思想の科学社。
寺山修司　1968b「天井棧敷」第八号、天井棧敷（新聞編集部）。
寺山修司　1968c「過去を故郷とは呼ぶな――賭博の思想化の試み――」『優駿』一九六八年一二月号（第二八巻第一二号）日本中央競馬会（「優駿」編集部）。
寺山修司　1969a「東大なんて何だ！」『サンデー毎日』一九六九年二月二日号、毎日新聞社。
寺山修司　1969b「家出論」寺山修司と天井棧敷編『ドキュメンタリー家出』ノーベル書房。
寺山修司　1969c「四人の家出ハイティーンの手記」寺山修司と天井棧敷編『ドキュメンタリー家出』ノーベル書房。
寺山修司　1970a「誰が力石を殺したか――「あしたを」破産させられたあしたのジョー」「日本読書新聞」一九七〇年二月一六日。
寺山修司　1970b「酔いどれ船」（作詞）、田辺信一作編曲、緑魔子・歌、東芝音楽工業〔レコード〕。
寺山修司　1971a『地下想像力』講談社。
寺山修司　1971b「天井棧敷はどこへ行こうとしているのか」「天井棧敷」12（一九七一年一二月一日）、天井棧敷（新聞編集部）。
寺山修司　1972『家出のすすめ　現代青春論』角川書店（角川文庫版）。
寺山修司　1973「寺山修司ト人力飛行機」（聞き手：佐藤重臣）『映画評論』第三〇巻第三号、映画評論社。
寺山修司　1974「新宿港」（作詞）、佐伯一郎作曲、高田弘編曲、桜井京・歌、CBSソニー〔レコード〕。
寺山修司　1975「（前書き）」、「演劇実験室　天井棧敷」16（一九七五年三月二六日）、天井棧敷（新聞編集部）。
寺山修司　1979「もう頬づえはつかない」（作詞）、田中未知作曲、J・A・シーザー編曲、荒井沙知・歌、ビクター〔レコード〕。
寺山修司　1982「勝者にはなにもやるな」『スポーツ版裏町人生』新評社。
寺山修司　1993『寺山修司から高校生へ――時速一〇〇キロの人生相談』学習研究社（初出、寺山修司「ジ・アザー・ハイスクール」③、「大学受験高3コース」一九七三年七月号）。
寺山修司　2000『悲しき口笛』角川春樹事務所（ハルキ文庫版）。
寺山修司・唐十郎　1976「対談　劇的空間を語る――コップの中に世界をみるか」西武劇場編『劇場』八号。
寺山修司・柄谷行人　1980「ツリーと構想力――なぜ作家は論理的にならざるを得ないか」『別冊新評　寺山修司の世界』新評社。

寺山修司・黒柳徹子　1977「徹子の部屋」日本教育テレビ（NET）、一九七七年二月一一日放映。
寺山修司・鈴木忠志　1974「時間と空間」『新劇』一九七四年九月号、白水社。
寺山修司・鶴見俊輔　1969「今はまだ千早城」『思想の科学』No.95、思想の科学社。
寺山修司・野口武彦　1965「戦後デモクラシー論」『思想の科学』No.45、思想の科学社。
中山千夏　1975「解説」寺山修司『書を捨てよ、町へ出よう』角川書店（角川文庫版）、一九七五年。
萩原朔美　2000「解説／フィクションとしての寺山修司」寺山修司『悲しき口笛』角川春樹事務所（ハルキ文庫版）、二〇〇〇年。
松山俊太郎・寺山修司　1976「読みかけの一ページ――『少年倶楽部』の余白への夢」『現代詩手帖』一九七六年九月号、思潮社。

3

攻撃性置換訓練（ＡＲＴ）を考える

藤野　京子

〈概要〉

攻撃行動に対するプログラムには、小学生などの低年齢層を対象としているものが比較的多い。しかし、実際に、攻撃的なふるまいが深刻な問題としてとりあげられるようになるのは、ある程度年齢が高くなってからである。そこで、実際に攻撃的なふるまいをして問題視されるようになってしまった青少年を対象として開発された介入プログラム攻撃性置換訓練（ＡＲＴ）をとりあげ、社会適応スキル訓練、怒り統制訓練、道徳的推論訓練、の三つの訓練から構成されているこのプログラムの内容を紹介する。続いて、攻撃的なふるまいが問題とされた非行事例をとりあげ、ＡＲＴの有用性について検討する。最後に、ＡＲＴのような働きかけは、攻撃行動を生じさせないための必要十分なプログラムになりうるのか、その限界なり実施にあたって配慮すべき点などについて考察を行う。

1　ARTというプログラム

非行少年など攻撃的ふるまいをする者を標的としたプログラムで、よく言及されるものとして、ゴールドスティン（Goldstein, Arnold P.）らが提唱しているART（Aggression Replacement Training: 攻撃性置換訓練）がある。攻撃行動に対するプログラムのなかには、小学生などの低年齢層を対象としているものが比較的多いが、このARTは、実際に非行や逸脱行動が見られる青少年を念頭に置いて開発されているため、犯罪心理学の書物で処遇に言及している箇所では、広く紹介されており*、このARTを紹介した本（Goldstein et al. 1998）は、スウェーデン語、ポーランド語、イタリア語、ノルウェー語にも翻訳され、アメリカ以外の国でも、広く実施されている。

* 専門書（たとえば、Andrews, Donald Arthur & Bonta, James 2003 *The Psychology of Criminal Conduct.* 3rd edition. Cincinnati, OH: Anderson）のみならず、大学で犯罪心理を学ぶ際の入門書（たとえば、McGuire, James 2004 *Understanding Psychology and Crime: Perspectives on Theory and Action.* London: Open University Press）や子どもの教育にかかわる一般書（たとえば、Hollin, Clive R., Browne, Deborah & Palmer, Emma. J. 2002 *Delinquency and Young Offenders.* Oxford: Blackwell）でも、広く言及されている。

ARTでは、社会的学習理論を提唱したバンデューラ（Bandura, Albert）の功績（Bandura 1969, 1973）などに言及して、「攻撃行動は学習されたものである」との見解をとっている。遺伝的、生化学的、ホルモン等の理由によって、攻撃行動に走りやすいかどうかの資質の個人差があることを否定しているわけではないが、どのような資質をもっていようとも、学習の仕方いかんによって、攻撃的行動を抑止できる可能性はある、ととらえている。また、子どもが攻撃性を発達させる過程については、「強制的な親のかかわり」が子どもに「早期の攻撃性」を芽生えさせることにつながり、それゆえ、その子どもは「仲間から排他」されるようになり、その結果、「社会的孤立」を招いたり、他者に対して「敵意」を芽生えさせるようになること、そして、反社会的な仲間集団と接触するようになり、そのなかで不適切な社会的スキルを学習するようになり、より攻撃的にふるまうようになるというパターソンら（Patterson et al. 1975）の主張を引用している（Goldstein et al. 1997: 8-9）。

また、攻撃行動を長期にわたって続けている人の場合、その攻撃行動によってなんらかの報酬――たとえば、肯定的な感情になることや、欲しいものを得ることができるなどの物質的満足感――を得られると受けとめているのであって、そのふるまいをかならずしも悪いものととらえていない、と見なしている。さらに、満足のいく結果を得ることができる方法として、攻撃行動以外の方法をもっていないのではないか、ともしている。なお、いくつかの研究を例に挙げて、暴力行為についてのカタルシス効果を否定している（Goldstein et al. 1998: 22-5）ほか、暴力行為に対する罰の効果は短期的効果をもたらすのみで、長期的な効果はないとして、暴力行為に代わる望ましい行動を教えないと暴力行為の低減にはつながらない、としている（Goldstein et al. 1998: 15-22）。

ＡＲＴは、**社会適応スキル訓練**、**怒り統制訓練**、**道徳的推論訓練**の三つの訓練から成り立っている。攻撃的な行動にいたる過程や原因は、個々それぞれであるとしながらも、慢性的に攻撃的である児童・若者の多くに共通して観察されることとして、①社会適応的な行動を行うのに必要なさまざまな（個人的、対人的、社会認知的）スキル習得が十分でないこと、②しょっちゅう衝動的であったり、日常的欲求や長期的な目標を充たすために攻撃的手段に過剰に依存してしまったりというように、怒り統制が十分でないこと、③価値観がより利己的で具体的であり、すなわち、道徳観の発達段階において初期段階にあること、を挙げている。そして、この①に対応するものとして社会適応スキル訓練、②に対応するものとして怒り統制訓練、③に対応するものとして道徳的推論訓練が位置づけられている。

攻撃行動を低減させる訓練と言うと、②を想起するかもしれないが、それだけでは十分でなく、多面的にアプローチしていくことの重要性を主張している。実際、社会適応スキル訓練や怒り統制訓練を単独で実施した場合、短期的に見ると問題とされる行動に変化が見られるものの、長期的にそれが定着するにいたったことは示されていない、としている。また、道徳的推論訓練を単独で実施した場合、価値観の変容は見られるものの、それが、道徳的行動の変容にまでいたらないとし、それは、彼らの行動レパートリーのなかに社会適応的に行動するスキルや反社会的行動をうまく抑制するためのスキルが身についていなかったためではないか、と解釈している。ある行動とは、さまざまな要因が影響しあって発現するのであって、したがって、その行動の改善にあたっても、多種・複層的であってしかるべきで、多方からの働きかけを同時進行させることが効果的である、と考えている。そして、これらいずれの訓練についても、別々に使われた場合の変化には限界があるとし、組み合わせて用いることで、単独で用いられる場合よりも、確実で長期にわたる良性の結果を得ることができる、としている。

一〇週間にわたって、毎週、社会適応スキル訓練、怒り統制訓練、道徳的推論訓練、のセッションを一回ずつ行うカリキュラムを、標準的なARTとして提示しているが、対象者なり状況なりに応じて柔軟に変更して実施することを認めている。一セッションは四五〜五〇分（ただし、道徳的推論訓練は場合によって九〇分くらいかかることもある）、一つのグループの参加人数は六〜八人が望ましいとされている。なお、この種のプログラムに共通していることであるが、参加者の参加の動機付けをいかに高められるかが、鍵を握っているとしている。

次に、それぞれの訓練内容について、少し紹介してみることとする。

2　社会適応スキル訓練について

ARTのなかでも、社会適応スキル訓練*は、社会の表舞台で適応的にふるまえるようにするスキルを上達させることを目的として、ゴールドスティン自身が精力を注いで開発したものであり、青少年に対して、攻撃的ふるまいの代わりにどのような行動をとるべきであるかを教えるものである。社会で適応的にふるまうこととは、攻撃的にふるまうことではないが、かといって、まったく自己主張することなく他者にこびへつらうことでもない。この観点から、さまざまな臨床例をもとに社会適応に必要なスキルを帰納的に挙げていったところ、最終的に五〇のスキル（付録参照）にまとめられるのではないかとしており、そのうち、標準的な一〇セッションのカリキュラムとしてとりあげているスキルは、「不満を言うこと」「他者の感情を理解すること」「難しい会話に対して準備すること」「他者の怒りに対処すること」「争いを避けること」「他者を助けること」「非難に対処すること」「集団圧力に対処すること」「好意を表現すること」「失敗に応じること」となっている。

＊ 社会適応スキル訓練の実施方法等については、拙稿（2006）に別途記している。このほか、日本語で得られるこの社会適応スキル訓練の情報には、Goldstein et al.（1984=1988）がある。

我が国の少年院でも、ソーシャルスキルトレーニング（ＳＳＴ）は、活発に行われているが、セッションごとにとりあげるのは、「スキル」ではなく、「場面」である。すなわち、彼らが遭遇するであろう就職面接、同僚や上司との関係といった職業生活、不良仲間からの誘い、家族とのトラブルなどの家族関係などの諸場面である（櫻井・品田 2006）。そのような場面ごとに、思ったようにふるまえるかを訓練するものとなっている。それに対して、このＡＲＴにおける社会適応スキル訓練では、ロールプレイの際の場面設定としては、当然それらがとりあげられることにはなるが、対人場面で必要とされる「スキル」を標的としたものとなっているところに、違いがある。

スキルを標的とした場合、そのスキルの学習に焦点化されるので、そのスキルを使用し終わったところでロールプレイが終了となる。そのため、場面そのものは、あまり進展せず、寸劇になる場合が多く、現実生活のごく断片だけをとりあげた訓練であるとの印象を強めるものとなっている。しかし、一方、場面を標的としてとりあげた場合、そこには同時に複数のスキルが必要とされている場合が多く、実際にロールプレイしてみた体験以外に、何を具体的に学んだかは、判然としないように思われる。場面というのは、当事者一人で形成されるものではない。これに対して、置かれた場面で自分がどのようにふるまうか、すなわち、どのようにスキルを使うか、は当事者自身で統制しうるものである。そしてこのことを考えると、スキル中心の訓練の仕方というのがありうるように思われる。

ただ、スキルだけを学んでも、実際、当事者が置かれた場面のなかで、どのスキルを用いるのが適当かを判断できるようにならなければいけない。ＡＲＴでは、そのスキルを用いる場面を当事者に想定させ、訓練を行っているわけだが、それに加えて、場面を標的にして、学んだスキルのうちどれを用いるのが適当であるかといった訓練をすることも、有用であるように思われる。すなわち、場面を標的にした訓練というのは、すでにある程度のスキルを獲得した者を対象に行うのが適当であると判断できようが、我が国の非行少年の場合、そのような個々のスキルは、すでに獲得されていると見なしているのであろうか？

ゴールドスティンのスキルトレーニングとは、一スキルにつき、予め思い浮かべるように定められた四〜五個のステップについて、一つずつ考えたり行動したりしていく訓練となっている。たとえば、「不満を言うこと」のスキルを例に挙げるならば、「自分の不満が何かを判断する」「誰に対する不満かを判断する」「その人に不満を言う」「その人に、その問題についてどうしてほしいと思っているかを言う」「自分の言ったことをその人がどのように感じたかについて尋ねる」といったことを一つ一つ考えて行動に移していくことで、適切な不満の言い方ができるようになる、とするものである(各スキルのステップは付録参照)。

挙げられた五〇のスキルそれぞれで挙げられているステップは同一のものではないが、概観してみると、「取り扱おうとする対象を自身のなかで明確にすること」「多くの選択肢を考えて、そのなかで最良と思うものを行動に移すこと」「相手の状態がどのようであるかを視野に入れること」「自分の行動が相手にどのように映るかを考えること」「適切な頃合なり場面なりを選ぶこと」といったものが主となっている。

不満を相手にうまく伝えたいと考えたり、非難されてもそれにうまく対処したいと思ったりしていても、一体どうすれば良い結果に結びつくのか、なかなか判然としない。しかし、このようなステップに分けて、そのスキルをとらえていくこととは、その方法を具体的に指し示すことになるし、失敗した際でも、どこが不十分であったために失敗にいたったのかを分析的にとらえることを可能にさせる。あまりにパターン化されているとの印象は否めず、うまく処理していくための道筋は一つに限ったものではないとの批判も、当然のことながら想定される。しかし、少なくともこうした道筋をたどっていけば大きく失敗しないですむといったものを獲得させておくことは、うまく行動できない者にとって、社会適応をうながすことに通じるのではないかと思われる。

一セッションでは、一つのスキルをとりあげるのだが、そのセッションの流れは、

① 扱うスキルを提示する。
② 指導者がそのスキルの模範を示す。
③ そのスキルの有用性について確認する。
④ 参加者にロールプレイをする準備をさせる。
⑤ 参加者がロールプレイを行う。
⑥ ロールプレイをした人に対して、参加者全員からフィードバックをさせる。
⑦ ロールプレイをした人に、そのスキルをセッション外で試してみるホームワークを割り当てる。

といった流れになっている。

我が国の少年院においては、②のプログラム実施者がそのスキルの模範を示すことはあまりなされていないが、参加者が心理的に近しいと感じてもらえるような役割を取りながら、適切にそのスキルの模範を提示することは、そのスキルの学習を促進させることにつながろう。また、⑤の実際のロールプレイについても、⑥のフィードバックをさせる際、そのロールプレイについてスキルのステップごとのフィードバックをさせるなかで、どのステップがどの程度うまくできたかについて、分析的にとらえることが可能になろう。加えて、⑦のホームワークについても、十分に行われているとは言いがたい。スキル習得の最終目標は、通常の生活でそのスキルを用いて社会適応的にふるまえるようになっていくことであり、そのためには、是非とも実際の生活場面で、そのスキルを使っていく体験を積み重ねていく必要があり、その意味で、ホームワークを行っていくことは欠かせない。場面を標的として訓練する場合、場面の設定のいかんによっては、次のセッションまでに、そのような場面に合わない可能性も出て

くるが、学んだスキルを訓練場面以外で使ってみることは、さほど難しくないように思われる。

ゴールドスティンが提示しているSSTは、学習心理学の分野で得られてきた知見をかなり忠実に踏まえて行っているものと言える。なお、スキルは、頭で「理解」するだけでなく、実際の場面で用いることができるようにしていくことが肝要である。そこで、あるスキルの習得が一回のセッションで不十分な場合には、複数のセッションで扱い、特段の注意を払わなくても自動的にそのスキルを用いることができるように訓練していくこと、また、学んだスキルは、日常生活のなかで実際に使ってみる時間と機会をもたせること、が大切であるとしている。

3　怒り統制訓練について

ARTの怒り統制訓練は、フィンドラーらが考案したもの（Feindler & Ecton 1986）が、その基本となっている。それは、感情に焦点を当てた訓練であり、怒りや攻撃性を自分自身で統制したり削減したり管理したりするにはどのようにすればよいか、その方法について訓練することを目的としている。社会適応スキルを学んでも、攻撃行動への認識が十分でなかったり、怒りについてよく知っていなかったりすると、そのスキルは活かされない。この意味で、この怒り統制訓練は、社会適応スキル訓練を補完するものと位置づけられている。

人間が生まれながらに自己統制できているわけでないことは、幼児の観察から明らかにされている。しかし、多くの場合、成長の過程で、怒りを露にするなどに対して、大人から許容しないという態度を取られるなどの体験を通じて、徐々に、大人がいない場面でも自らを制するようになり、怒りを感じた場合であっても、その怒りのはけ口を攻撃行動以外に求めるようになっていく（Gibbs et al. 1995: 104-5）。しかし、なかには、成長してからも、怒りをすぐさま攻撃行動として表出させる者もいる。この怒り統制訓練では、こうした者に対して、挑発されるような場面に出あっても、攻撃行動によって反応しないように訓練していくものである。

この怒り統制訓練は、「内的言語」を用いた訓練となっている。ルリア（Luria 1961）が「自らの内的言語によって、自らの行動を統制している」と主張して以来、内的言語についてさまざまな研究がなされている。たとえば、マイケンバウムら（Meichenbaum & Goodman 1971）は、衝動的な子どもに対して、自己教示訓練を行ったところ、その衝動性が減少するという結果を得ている。また、ナバコ（Novaco 1975）も、上記マイケンバウムの自己教示訓練を慢性的な怒りを有する個人に行った結果、怒りのレベルが低くなったとの結果を得ている。これらの研究を踏まえて、この怒り統制訓練では、内的言語を積極的に活用したプログラムになっている。

また、上記ナバコは、怒りとは、知覚された事象に対して嫌悪をもよおすものであると自らが評価したこと、すなわち認知的なラベリングにともなう反応であると見なし、この認知に対して自己教示することで、怒りや攻撃性を低下させることができる、としている（Navaco 1975: 252-3）。そこで、この怒り統制訓練においては、内的言語を使用しながら、認知の歪みに対しても修正を迫ろうとするものになっている。

訓練の導入セッションでは、参加者に、「怒りを爆発させないなど、自己統制ができるようになることとは、その個人の能力が向上することを意味する」と理解させて、動機付けを行うことが肝要であるとしている。参加者のなかには、攻撃行動を「強さの象徴」のようにとらえている者が少なくないので、たとえば、参加者が関心をもっている有名人についてとりあげて、彼らが自己統制を十分にしていなければ成功しなかったであろうと言及することで、自己統制の大切さに気づかせ、攻撃的行動を統制することが決して「弱虫」を意味するわけではないと、気づかせていくことが大切になる。そして、相手の挑発に応じて攻撃行動に出てしまうことは、相手の思う壺になってしまうこと、すなわち、相手に統制されてしまっていること、を意味すると理解させていくことが必要となる。そして、怒ることの長所・短所を話しあわせ、一見長所に思われることであっても、最終的には望ましくない結果を導くことになると理解させていく。そして、攻撃行動について、「何がその問題の引き金となったのか」「それに対する反応として、どんな行動をしたか」「その結果はどうであったか」といった３ステップで考えさせるなかで、これらのことを納得させていくように方向づけていく。

続くセッションでは、攻撃行動の抑止にかかわることを、ロールプレイを交えながら、順次、学んでいくことになる。

まず、攻撃行動は、なんらかの「引き金」があって生じることから、その引き金について扱う。その際、引き金は、出来事という「外的な引き金」と、それに対する本人の内的解釈という「内的な引き金」とで構成されること、そして、この内的な引き金が、怒りを引き起こすかどうかの決定打になること、すなわち、解釈いかんで、攻撃行動も抑止されうることを、理解させていく。

さらに、怒りを感じやすい人とは、概して、外的な引き金を誤認・誤解しやすかったりするのであって、「自分をからかっている」「弱虫と馬鹿にしている」など、世の中について歪んだ受け止め方をしがちである。そこで、その人が陥りやすい歪んだ解釈パターンに気づかせ、挑発的にならずに生産的に解釈できるようにしていく必要があるとの認識を高めていくよう、働きかけていく。

続いて、自分が怒っているかどうかに気づくための「手がかり」について扱う。怒りを鎮めるために自己統制するには、その前に、自分が怒っていることに気づく必要がある。しかし、実際には、怒っていることに気づかなかったり、抑うつ的な行動、思考、感情で隠してしまったりしていることがある。たとえば、叫んだり物に当たったりといった攻撃行動に直接でることはないものの、たとえば、むっつりと黙りこくっていることがあるかもしれない。しかし、その場合でも、身体面で、怒っている徴候が現れていることは、少なくない。たとえば、荒い息づかいになったり、声高になったり、胸がドキドキとしたり、頬がピクピクとひきつったり、口をすぼめたり握りこぶしになったりするなど身体がこわばったり、歯軋りしたり、ガタガタと震えたり、汗をかいたり、紅潮したり、血の気が失せたり、胃に圧迫感を感じたり、である。こうした反応は、個々それぞれであるが、自分が怒ったときの身体反応を理解しておけば、反対に、その身体反応から、自分が怒っているのではないかと気づけるようになるのである。そこで、怒った場合の身体反応について、検討させることになっている。

怒ると、感情のエネルギーが高まり、その分、対処ないし思考力が低まってしまう。そこで、怒っている場合には、その感情のエネルギーを低めさせることが先決である。そのような状態下、複雑なことは行えない。しかし、「深呼吸」「数字の逆数え」程度の単純なことならばでき、しかも、そのようなことは、高まった感情のエネルギーを低めさせるのに有効である。また、少し感情が収まってきた段階で、心地よいイメージ——たとえば、暖かい日差しが降り注ぎ、そよ風が吹いている状況で、ビーチに寝そべっている自分——を想起すれば、感情はより収まっていく。そこで、参加者に、そうした体験をさせ、怒っていることに気づいた場面で、このような怒りの「緩和剤」を取り入れることが効果的であることを体得させる。

また、攻撃行動をした場合、それが未来に及ぼす影響、すなわち、「もし~という攻撃行動をするならば、その結果、~となるだろう」を予測させ、怒りを緩和させていくよう習慣づけるような訓練もなされる。導入のセッションで、引き金を特定し、その引き金に対してどのような行動をとったか、さらにその結果がどうであったか、の三ステップで考えさせるとしてきたが、これは、二番目のステップで、予め未来の三番目のステップを想定させることで、二番目の行動を検討させていく訓練である。なお、この三番目の結果については、短期的に見ると良くても長期的に見れば悪い場合があるので、最終的な長期的結果を踏まえるようにと、働きかけていくことになる。

また、この怒り統制訓練においては、内的言語を使用しながら、認知の歪みに対しても修正を迫ろうとするものであることを先に言及したが、圧力がかかった場面や葛藤がある場面でも失敗せずにふるまえるようにしていくために、自らにどのように語りかけるのがよいのかといった自己教示的な内的言語についても扱う。一般に、慢性的に攻撃的な青少年は、怒りを避けるための自己教示が下手である。したがって、どのような自己教示がありうるのか、自分にとって有効な自己教示とはどんなものか、を考えさせる訓練が必要である。

この自己教示は、怒りの処理の各段階で行われることになるので、それぞれの段階での自己教示について考えさせておく訓練がなされる。外的引き金に対する自己教示としては、「相手が意図的にやったわけではない」などである。また、怒りとは、不安や恐怖などの一次的情緒から派生した二次的なものであることも少なくないので、「この事態はそれほど深刻に考えなくてもよい」「私は対処法を知っているので平気である」などというものもあろう。怒って興奮している状態に対しては、「顔がほてってきた。リラックスして、事をすすめよう」「深呼吸しよう」など、怒りの沈静化に導く手立てを想起させるようなものがある。問題解決に向けては、まず「怒っても、なんの意味もない」があろうし、「最終的に、自分が何を望んでいるのか」を問い、その目的を遂行するにあたって、「誰が、いつまでに、何を、などと具体的に計画を立ててみよう」「複数の選択肢のなかで、最もよい選択肢であるかを検討してみよう」などがあろう。また、「最悪のことは考えずに、前向きに気楽にいこう」「自分はこの状況を乗り切れる」などの肯定的展望を想起させるものもあろう。また、事後において、「うまく対処できたよ。やったよ」などと、成功したことを意識化させていくことも肝要であり、一方、うまくいかなかった場合も、「立腹したことを忘れてしまおう。覚えておいては、ただ動揺させられるばかりだから」「もう少し対策を立てれば、良くなるかもしれない」「もっと悪くなっていた危険性があったのに、幸いであった」などと自らに言い含めることで、ひどく落胆してしまうことを食い止めることも可能になろう。

自分がどの程度うまく行動できたかを、自己評価させる習慣も大切である。行動に対するふりかえりがなければ、同じことをただ繰り返すだけである。導入のセッションで、引き金を特定し、その引き金に対してどのような行動をとったか、さらにその結果がどうであったか、の三ステップで考えさせるとしてきたが、これは、この三ステップのうち、最後の自分の行動の結果について検討させるものである。その場面をどの程度うまく扱えたかについて自分自身で評価するなかで、うまくふるまえた部分を確認できれば、それは自信につながろうし、また、よりよく扱うためにはもっとどうすればよいかを気づかせることにもつながろう。

このほか、人から自分が怒りを引き起こされた場合のみならず、自分が人の怒りを引き起こす場合についての検討も行われる。さらに、暴力のサイクル、すなわち、ある出来事に対して否定的な信念や考え方が浮かび、それゆえ怒り感情が喚起され、不適切な攻撃行動にいたり、その行動が相手方を刺激し、その相手方の否定的反応を招くことになり、それによって、当事者は、より一層ストレスを感じる状況に追いやられることについても、学ばせることになる。

最終的には、「引き金」「手がかり」「怒り緩和」「自己教示」「選択した行動の結果を予測」「攻撃行動にいたらないようにするためのスキル」「自己評価」といった一連のものを取り込んだロールプレイを行っていくことで、攻撃行動を統制していくことを目指した訓練となっている。

なお、セッション間には、実際の生活場面で出あった不快な出来事について、いつ、どこで、誰から、どんなことをされ、その状況下自分がどのような行動を取り、その際、どの程度怒り、どの程度自分を統制できたかの記録を毎日とらせることとしているが、この記録は、どんな状況で怒りを感じやすいかについての状況を明らかにするほか、セッションが進行していくにつれて見られる変化も浮き彫りにする。また、訓練はできるだけ現実場面に近いものが望ましいので、記録された状況は、ロールプレイの材料として用いることもできる。

まとめてみると、この訓練を通して、自分の怒りに対してどのような行動をするかの決定権は自分にあるという自覚をうながし、怒って行動したところで、自分の欲求がかなえられてはこなかったことに気づかせると同時に、感じ方、考え方、行動を変化させていくことで、実際に怒りから抜け出すことができることを体得させ、その手法を獲得させていくことに、そのポイントがある。

我が国では、一部の少年院でこの種の怒り統制訓練を取り入れ始めている段階にある*。攻撃行動がいかに生じるのかをそれぞれに理解させ、その具体的対策を習熟させていく訓練は必要であろう。

＊　盛岡少年院での実施例については、三浦他（2007）に報告がある。また、矯正職員の多くが購読している雑誌で怒り統制訓練についてとりあげられており（本田 2008）、今後、その使用が広まるものと期待される。

4　道徳的推論訓練について

ＡＲＴの道徳的推論訓練は、ギッブス（Gibbs, John C.）が中心に開発したものであるが、これは、道徳的推論を行う際の枠組は発達とともに質的に変化するとのコールバーグ（Kohlberg 1969=1987）による主張に基づいて、開発されたものである。反社会的な行動をとる青少年の社会的問題には、「社会的スキルの欠如（deficiency）」、「社会的発達の遅れ（delay）」、「社会的認知の歪み（distortions）」の三つのＤがあるとし、この道徳的推論訓練では、道徳的推論が十分に発達していない場合と、認知が顕著に歪んでいる場合の二つに働きかけることになっている（Gibbs et al. 1995: 7）。

反社会的な行動をとる青少年とはいえ、そのほとんどが、物を盗んではいけない、法律やきまりや約束は守るべきである、真実を言ったり他者を助けることは大切である、などと口で言うことはできる（Gregg et al. 1994）。にもかかわらず、逸脱行動に走るのはなぜなのか。この問いに対して、この道徳的推論訓練では、非行を犯さない一般人に比べて、彼らの道徳的推論、すなわち、ある判断をする際の考え方についての道徳的な発達段階が低い点に着目している（Gibbs et al. 1995: 48）。

ギッブスは、道徳的推論の発達については、四段階を想定している。権力者のすることは正しい、罰せられることとは悪いことであるといった力や罰の観点から推論する第一段階、相手がやってくれるならば、自分も相手にするといった取引の観点から推論する第二段階、自分が相手からしてもらいたいことを相手にするとの観点で推論する第三段階、自分の身近な人ばかりでなく社会全体を視野に入れた上で公平に推論する第四段階、の四段階であり、第一・二段階を未成熟段階、第三・四段階を成熟段階と大別している（Goldstein et al. 1998: 100-1）。そして、一般人の場合、ある判断をした際の理由付けとして第三段階の理由を挙げるのに対して、非行に走る青少年は概して、第二段階の理由を挙げるとして、この道徳的推論訓練では、この発達をうながす試み、すなわち、成熟した段階に導くよう働きかけかけていくことをねらいとしている。

また、社会的認知の歪みについても、四つ挙げている*。まずは、自己中心的に物事をとらえることである。相手の立場をほとんど考慮しない、あるいは、まったく無視して自分の立場や欲求ばかりを主張するといった歪みであり、「したいことがあれば、それが合法かどうかは気にせずに行う」「自分さえよければ、自分以外の人がどうなろうと気にしない」などの形で現れるものである。たとえば、犯行当時に念頭に浮かんでいるのは、やりたいことができるかとか上手く逃げられるかといったことであり、犯罪の被害者のことなどまったく気にかけていないことは、まれではない。二番目として、物事を悪く解釈しやすいといった歪みが挙げられている。すなわち、多義的に解釈できることであっても、敵対的な意図があると見なしたり、事態が改善するはずがないと見なしたりする傾向であり、「どうせ誰かが盗むのだから、自分が盗んでも構わない」「何を言っても信じられないのだから、嘘をついても構わない」「何もしなかったら自分が傷つけられてしまうであろうから、そうなる前に自分が傷つけてしまおう」といったものである。三番目としては、自分は悪くないとして、「周りが自分をそうさせた」などと自分の悪行の原因を自分以外に求めることである。「相手がすきを見せていたから、自分は取ったまでだ」などと、被害者に責任を押し付けることである。加えて、四番目としては、大したことではないとか誤って解釈するとかといった、最小化／誤ったラベル化である。たとえば、反社会的な行動とはいえ「大した害を及ぼすものではない」としたり、「自分以外にも多くの人が自分と同じようにふるまっている」と誤って認識していたりすることである。

＊　Gibbsらは、質問項目に自己評定させる形式で、逸脱行動に加えて、ここで紹介する四種の社会的認知の歪みの程度を測定するHow I Think (HIT) Questionnaireを別途開発している。

道徳的推論訓練は、ジレンマ課題をグループで話しあうことで、実施される。これは、道徳的推論の発達段階の違う者同士が、道徳的ジレンマを抱えた課題の解決法についてグループ討議すると、発達段階の低い者は、高い段階の者の道徳的推論に触れて、その影響を受けて、高い段階に移行するようになる、とするコールバーグ（Kohlberg

1969=1987）の主張に基づいている（Goldstein et al. 1998: 35）。すなわち、グループの参加者同士が互いに影響をしあって成長していくと考えている。こうしたグループに参加させるにあたっては、参加者それぞれに対して、その参加において守るべき行動を十分に教える必要がある（Agee & McWilliams 1994）。しかし、グループの指導者が、適切なスキルとテクニックを兼ね備えていれば、個別に働きかける以上にグループで学ぶことは、有効に機能するとしている（Gibbs et al. 1995: 3）。

訓練では、グループが良い方向に進んでいくのを阻害するものとして、一二の問題項目が提示される。それらは、①低い自己イメージ、②自分に対する配慮がないこと、③他者に対する配慮がないこと、④権威にかかわる問題、⑤たやすく怒ってしまうこと、⑥他者を怒らせてしまうこと、⑦他者を悪事に引き込んだり欺いたりすること、⑧悪事に引き込まれること、⑨飲酒薬物問題、⑩盗み、⑪嘘、⑫表面を取り繕うこと、である。加えて、先にとりあげた四つの社会的認知の歪みについても、提示される。言語提示することは、グループに、それらを気づきやすくさせるととらえて、このような方向付けを行っている（Gibbs et al. 1995: 11-3）。

なお、指導者は、受身であってはならず、導いたり刺激したりして、そのグループを育てる役割を果たすよう求められる。しかし、それは、指導者自身が、具体的な指示をしたり意見を提示したりして教え込むことを意味するのではない。そのような一方的な働きかけは、参加者を指導者に依存させてしまうことになるとして、参加者に「尋ねる」ことを奨励している。尋ねるといった働きかけを通じて、参加者がそのグループの主体であると意識化させていく必要があるとしている（Gibbs et al. 1995: 29-30）。

この訓練でジレンマ課題としてとりあげられている状況はいずれも、他者からもちかけられて、問題を抱えることになった若者が、どのように対処すればよいかというものである。道徳の発達をうながす訓練のなかには、いずれの答えも「正解」と言い切れないものを扱っていることが少なくない*が、この訓練でとりあげられているジレンマ課題は、葛藤を感じる場面であるとはいえ、「正しい」答えがあるものを扱っている。

＊　コールバーグがそのように想定しているので、それを元に我が国での道徳教育の展開を試みた荒木紀幸など（たとえば、荒木 1997）においても、同様の扱いとなっている。

各セッションでは、一つのジレンマ課題を与えられ、それをグループで話しあうことになる。与えられたジレンマ課題の問題状況について、グループが良い方向に進むのを阻害するものとして先にとりあげた一二の問題項目を用いて、その問題状況を特徴づけるよう、勇気付けられる。また、そのジレンマ課題について提示された質問のなかには、四つの社会的認知の歪みを引き出しやすいものが含まれている（Gibbs et al. 1995: 64-5）。

ジレンマ課題の例には、「マークはマリアと二か月付き合ったが、最近つまらなくなってきており、ほかの子とデートしたいと思っている。さて、マークは……」などがある。また、このジレンマ課題に対して用意されている質問には、「マークはマリアの感情を傷つけないようにするために、別れ話を避けるべきか？」「マークは自分の気持ちをマリアに伝えるために、ほかの子とデートを始めるべきか？」「マークとマリアの交際期間が二か月ではなく数年にわたっており、二人の間に子供がいるとして、マークはマリアと別れるべきか？」「マークがマリアと別れ、ほかの子とデートを始めたとして、マリアはマークに何か仕返しをするべきか？」などがある。一部自由記述回答を求めるものもあるが、多くは選択肢で回答できるものとなっている。このジレンマ課題のねらいは、忠誠、配慮（思いやり）のある形で終わらせること、仕返しをすることは未成熟であること、である。

グループ討議は、以下の手順で進められることになる。まずは、扱うジレンマ課題をグループ全員に理解させることであり、問題の状況が何なのかを参加者に尋ねたり、その状況と類似のことが参加者の生活に起こりうるとの認識を喚起させたりすることが、ポイントとなる。続いて、そのジレンマ課題についての質問に対する参加者の回答が、聴取される。

指導者は、質問の回答及びその回答を選択した理由を尋ねることを通じて、道徳的推論の発達をうながすよう訓練していくことになるが、まずは、成熟した回答を選ぶことができた参加者に、その選択理由を尋ねていく。たとえば、「マークはマリアの感情を傷つけないようにするために、別れ話を避けるべきか？」に対する選択肢「避けるべき」「とりあげるべき」「わからない」のなかでの成熟した回答とは、「とりあげるべき」であり、そのような回答をした者にその理由を尋ねると、「後になってから言うのは、結局、より一層彼女を傷つけることにつながるから」「早く言ってあげれば、彼女が他の人と付き合うチャンスを逃さずにすむから」などが出てこよう。

このような参加者の発言をもとに、グループ内に成熟した道徳の雰囲気を育んでから、指導者は、成熟した回答を選ぶことができなかった者に働きかけることになる。彼らの考え方を修正させるということは、自己中心的な認識から脱却し、他者の観点を考慮した見方をさせるようにうながすことを意味するが、それには、ほかの人が成熟した回答をしているという現実に触れさせるだけでは不十分である。そこで、指導者は、成熟した回答を選べなかった参加者に対し、その意見の理由を述べさせ、成熟した回答を選べた者に、その意見についての感想なり質問なりを求めていく、といった手続きをとる。つまり、マークの立場からの意見のみならず、マリアがどのように感じたり考えたりするかにも視点を向けるよう、「その問題状況で、自分がマリアの立場だったとしたらどのように感じるか」とうながしたり、「世の中の人全員が、こんな判断をしたらどうなるか？」などと一般化させてみたりする。

また、「マークがマリアと別れ、ほかの子とデートを始めたとして、マリアはマークに何か仕返しをするべきか？」に対して、「すごく怒っているのだから、仕返しをすればよい」と発言する者がいたとして、それに対して残りの参加者から、「それで、結局、良い結果が得られるか？」との質問や、「それはますます、事を荒立てるだけではないか」との意見が出されることは、遅れた道徳的推論の意見に揺さぶりをかけることになる。残りの参加者からの意見に対して、どう答えるかとの意見を求めることで、深く考えさせていくよう働きかける。加えて、理由付けのなかに見られる認知の歪みについては随時指摘していくことで、その歪みに気づかせていくなどの働きかけを行う。

さらに、その意見が、「(自分が)するであろう」ことと「本来すべきである」ことのいずれであるかを尋ね、あるべき姿を考えさせていき、また、「するであろう」ことに屈しないためにはどのようにすればよいか、についても考えさせていく。

各質問に対するそのグループ全体としての意見を集約させていくのが、最終段階になる。グループ全体で意見をまとめさせるよう働きかけることで、参加者は、集団圧力を感じるようになる。指導者は、「あなた」や「わたし」の言葉ではなく、「私たち」という言葉を用いることで一体感を喚起させ、さらに集団圧力を利用して、成熟した判断が参加者の一致した意見であるかどうかと働きかけ、グループ全体に成熟した道徳観を定着させていく。当初、未成熟な道徳的推論をしていた参加者も、この過程で、成熟した道徳観をもつようながされることになる。指導者は、各質問に対する成熟した判断をそのグループの意見としてよいかを尋ね、異議がなければそれをグループ全員の意見として結論づけていく。また、当然のことながら、参加者の一部に反対意見が残る場合もあるが、その場合でも、全員一致とはいかなかったものの、大多数はこうであったとして成熟した道徳的推論の意見をとりあげることで、意見を異にしていた者としては、自分の意見がとりあげられなかったことから生じるストレスゆえ、道徳的推論の発達がうながされることになる、としている。

このようなことを繰り返すなかで、未熟な道徳的推論をしていた者は、その発達を刺激されることになり、一方、成熟した推論をできた者も、その推論についての理由付けをより明確化させることで、道徳的推論を確固たるものとしていくことになる。

モラルジレンマが、我が国の少年院の教育実践に取り入れられ始めている*が、そこでは、従来型の正解のないジレンマ課題をとりあげている。しかし、山本（2006）は、司法の場で教育を携わる者として、たとえば「窃盗もやむをえないかもしれない」といった意見をとりあげることについて、とまどいを感じざるをえないと記している。その点で、この訓練は、一般のジレンマ討議法に比べて、質問に対する正解が用意されており、その方向へと指導者が参加者を導いていけるよう、セッションの進行を統制する特徴も強くなっている。また、参加者の発言の問題点を見出す枠組も提示されており、より構造化されている。したがって、向社会的な方向付けを行う必要がある少年院教育としては、このような方向性が定まったものの方が指導しやすいのではないかと考えられる。また、この道徳的推論訓練では、自身の考え方の遅れなり歪みなりをも具体的にとらえられるように働きかけている点で、彼らの自己成長をうながすものになりうると期待できる。

＊　少年院の教育にモラルジレンマ課題を導入することについての最初の提案は、宮本（1998）によってなされている。

5　非行事例からARTを考える

以下では、実際に非行に走ってしまった少年の事例＊をもとに、ARTの有用性について考察してみたい。

＊　事例については、プライバシーに配慮し、事例の特徴が失われない範囲で個人が特定できないように一部改変している。なお、この事例は、拙稿（2002）でとりあげた事例について加筆修正したものである。

カッとなって乱暴な行為にいたったA君の事例の概要

A君は中学三年生である。仲間と一緒に喧嘩をして喧嘩の相手方に怪我を負わせたり、バイクを盗んで無免許運転をしたりしており、周囲からの繰り返し指導・叱責にもかかわらず、それらの行動は一向に止む気配がない。家に帰らず遊び歩き、学校でも、教師の指導に逆らったり授業をサボったりするといった乱れた生活が続いている。

A君には、母の記憶がない。「母がいない状態が自分にとってはあたり前であり、母のことをあれこれ考えることはなかった」と述べている。また、父も、A君が小学校中学年のころから同棲相手の家に入り浸るようになり、次第に、父子間の交流がなくなっている。しかし、それについても、「仕方ないと感じただけ」と述べ、父への不満や怒りを露にすることは、控えている。ただ、中学生になってからのある日、父が刑務所に入っていると知人から知らされ、そのことについては、「ショックだった」と繰り返し表現している。なお、祖父母がA君の身の回りの世話をしているが、A君の口から、この祖父母のことが語られることはあまりない。

A君は、小学校時代については、面白かったといった印象がほとんどなく、むしろ、ちょっとしたことで、いらいらしていたとふりかえっている。ただ、色々話を聞いてくれた担任教師がいた時期は、少しばかり落ち着けていたと、うれしそうに説明している。

一方、中学校に入学してからは、家庭状況が類似していたり、周囲からの評価のされ方が類似していたりする複数の生徒に出会い、以来、学校生活が楽しくなっていったとし、そうした仲間と一緒に、不良顕示的なふるまいをしている。それが原因で、上級生から目を付けられ、ひどいいじめを受けたこともあるが、それに懲りることなく、上記のような逸脱行動をむしろ率先して行っている。

A君は、学校内で自分が一番問題視されていると語っているが、「学校は懐が広く、こうした自分をも見放さないでくれている」と話している。同世代からも不良者と受け止められているとしているが、むしろ、それを自分らしさと見なして、問題行動を起こしては、あれこれ教師に個別に処遇してもらうことに、ある種の満足感を抱いているようにすらうかがえる。

今回、A君は、学校での器物破損が事件化されるにいたったが、その事件は、以下のような経緯をたどっている。事件の数日前、A君に目をかけてくれていた教師が、生活を正していくための段階的働きかけの初めとして、たとえ授業から抜け出してしまった場合であっても、少なくとも生徒が学校にいる時間帯については、A君も学校内の空き教室で時間を過ごすようにということを、A君と取り決めた。その際、その教師の時間が許す場合には、A君に勉強を教えてくれると言っており、実際、そうしたことが、数日続いた。ところで、事件の日、A君は前日同様、授業を抜け出し、空き教室で時間を過ごすことにした。しかし、その日は、その教師を探したものの、見つからなかった。一人で空き教室にいるのは、手持ち無沙汰でつまらないだけであると感じ、さらに、その教師は自分のことを忘れてしまったのかと、心配になったりもしていた。しかし、その教師との約束だからと我慢して、A君は空き教室で時間をつぶしていた。

その取り決めを知らなかった別の教師が、偶然、その空き教室を通りかかり、ぶらぶらしているA君を見て、一体なぜここにいるのかと詰問してきた。さらに、その教師は、このような状態のA君であれば、常日頃A君のことを目にかけている教師から見放されて当然である、と追い討ちをかけてきた。

その発言を聞いたA君は、頭が真っ白になった。A君が複数の教師に取り押えられたとき、その空き教室の机やいすは散らかっており、教室の窓ガラスは割れてしまっていた。

A君がARTによって学べるものの検討

A君のように、不遇な家庭環境で生育し、家庭できめこまやかな愛情を注がれることなく放置され、十分な社会化がうながされなかった結果、逸脱に走るといったパターンは、目新しいものではない。これほどまでに、顕著に劣悪な家庭環境かどうかはさておき、家庭で十分な社会化が図られず、その結果、非行に陥っている事例は少なくない。以下では、このA君にARTを実施することで、どのような改善が期待できるかを検討することとしたい。

○怒り統制訓練について

A君は、外界のちょっとした刺激でも、気持ちが揺すぶられやすい。家庭でしっかりとA君の存在が受容されてこなかったということも、その気持ちの不安定さの一因になってはいよう。しかし、理由はともあれ、平静心を保つことができていたならば処理できるであろう潜在能力をもちあわせていながら、動揺してしまったがゆえにそれを発揮できないというのであるならば、それを改善していくことは望ましい。

たとえば、本件の器物破損については、A君自身、暴力という手段に訴えることで、自分が意図するものを手にいれようとして行った意図的な暴力ではない。頭が真っ白になってしまったという発言が示すとおり、A君自身、感情に翻弄されて、見境のない粗暴な行為にいたっているのであり、これは、大渕（2000）の攻撃行動についての二分類――「衝動的攻撃」と「戦略的攻撃」――によれば、「衝動的攻撃」と見なされるものである。A君自身、このようにたまにキレてしまう、と認めているが、自然にキレてしまうので、手のほどこしようはないとして、キレないためのなんらかの工夫なりはしてこなかった様子である。しかし、ARTの怒り統制訓練で扱っているように、怒り心頭に発するよりも前の段階で、自身が怒りを感じているかどうかを手がかりから気づき、内的教示などによって怒りを収めていくことはできるのである。また、A君に、その教師の発言になぜそれほどまでにキレてしまったのかを尋ねると、「このようなA君の状態であれば、常日頃A君のことを目にかけている教師から見放されて当然である」との発言から、それまでA君のことを目にかけてくれていた教師が見放した、と受け取ったからだと述べている。実際、この教師は、この教師自身の見解を述べたに過ぎないのであるが、A君自身としては、いつもいてくれた教師が見当たらないという状況下、見捨てられてしまったかもしれないとの不安を抱いていたところに、その発言に遭遇することになったため、それを「事実と誤認」したのである。怒りの引き金になるのは、外的刺激そのものではなく、それに対する内的解釈によってである、ということをA君が十分に踏まえて、その内的解釈が妥当であるかどうかをしっかりと検討することができるようになれば、本件同様の事態に遭遇しても、同様の粗暴な行動にいたらずにすむことが予想される。

○道徳的推論訓練について

A君は、父が受刑していることを知って、「ショックだった」と述べているが、それ以上に、その事実を掘り下げて考えているわけではなさそうである。「ショックだった」の言葉が象徴しているように、A君は、既存の社会の枠組から外れることを良しとしているわけではない。父にあやかって犯罪者になろうとか、父だって犯罪者なのだから自分が犯罪者になっても致し方ないと思っている様子はうかがえない。しかし、その一方で、不良っぽくふるまうことを自分らしさととらえている。

A君は、自分の逸脱行動について、多くの人が注目してくれるとか、叱責しながらも先生はその際あれこれ自分の話を聞いてくれる、などととらえている。そのような周囲の反応を求めて、逸脱行動をしている節もうかがえる。しっかりと家庭に支えられていると実感する機会を得られてこなかったA君が、そのよりどころを見出せない心もとなさや寂しさを、学校場面で代償しようとしていることは、ある意味、十分に理解できるが、逸脱行動がもたらす負の結果については、頓着しておらず、その弊害については、大したことではないと、最小化してしまっている。父との接触等、知らず知らずのうちに取り入れてきたものが犯罪文化の一端であり、そのことが、A君が不良化していくことへの抵抗感を弱めさせた一因であることも考えられる。

未だ、自分の生い立ちに対する不遇感なり、社会一般に対する敵対心なりが芽生えるなどの社会的認知の歪みは顕著でないものの、A君の道徳的推論の発達は概して遅れており、他者の視点を十分に踏まえた言動をとることはできておらず、ギッブスの発達段階分類によれば、せいぜい第二段階ということになろう。道徳的推論訓練を行うことでその発達をうながし、A君自身が行っている逸脱行動の意味をA君自身以外の視点から洞察させていくことは、社会適応を図る上で有用である。加えて、それは、現状の生活を続けていては父の人生の二の舞になってしまうのではないかといった問題意識の喚起にもつながることであろう。

○社会適応スキル訓練について

粗暴行為に対する批判力が育っておらず、むしろ、それが、自らの意思表示をするための一手段となっており、そのことにA君自身、疑問を呈していない。口下手であることも、それに拍車をかけることになっている。しかし、相手にわかるように自分のことを言語で説明することで、他者からの無用な誤解が解けることなどもあると理解させていく必要があろう。たとえば、A君の事件において、A君が、目をかけてくれている教師との取り決めでその空き教室にいることを、その通りがかりの教師にしっかりと説明することができたならば、A君が見放されて当然であるとの発言がなされる展開にはならずにすんだであろう。また、粗暴な行為をすることで、A君自身の心情を他者に汲み取ってもらうことが功を奏するとは限らず、むしろ事態の悪化を招くこともままある現実を十分に理解させ、スキル訓練によって、それ以外の行動のレパートリーを身につけさせていくことは、その社会適応をうながす上で有用であろう。

家庭で、きめこまやかな働きかけをなされてきていないA君にとって、適切な行動がどうあるべきかを一つ一つ体得させていくことは、どうすれば適法内で行動を維持していくかを習得させることにつながると思われる。

6　ARTの意義と限界

非行少年など攻撃的なふるまいをする青少年を標的にしたARTというプログラムを概観し、カッとなって乱暴なふるまいにいたったA君の事例をとりあげ、A君にARTを行った場合の効果について検討を行った。一〇週間にわたって、毎週、社会適応スキル訓練、怒り統制訓練、道徳的推論訓練、のセッションを一回ずつ行うことを標準としたARTであるが、たかだかこの程度のプログラムで、A君が抱えている問題すべてに対して解決が図られるかと問われれば、当然のことながら、そうではないと言わざるをえない。とはいえ、このようなプログラムは、以下の点で意義あるものと思われる。

まず、この多層にわたって働きかけを行うARTの視点は、攻撃的ふるまいが問題視されている青少年に、少しでも攻撃的なふるまいを減らさせようとして働きかける大人に対して、その個々の青少年のどこがどの程度問題であるがゆえに攻撃的にふるまってしまう結果になっているのかの理解をうながし、攻撃的行動の抑止に向けての正しい働きかけの指針を指し示すことにつながろう。

たとえば、A君の場合であるならば、精神的発達が十分に遂げられておらず、自分以外の観点から現象を見るといった発達段階にいたっていないことから、道徳的推論訓練を行う必要が認められる。また、事件化された出来事とは、カッとしてしまって行ったもので、自分でも意図していた行動ではなかったものであることから、怒り統制訓練を行う必要もあろう。さらに、攻撃行動以外で自分を表現するすべを十分にもっていないことから、相手の誤解を解くことができず、それが事態悪化に拍車をかけているので、自分のことを理解してもらえるべくふるまえるようにしていくための社会適応スキル訓練を行うことも肝要であろう。A君については、ARTが主張しているように、多面的にアプローチしていくことで、はじめて攻撃的行動が抑止されるようになるのであって、そのいずれかだけに働きかけたところで、あまり効果はなかろう。そして、事実、A君と類似の問題性を抱えているがゆえに、攻撃的なふるまいをする青少年は少なくない。

しかし、なかには、別にカッとなったからではなく、攻撃行動以外に自分の気持ちを他者に伝えるスキルをもちあわせていないがゆえに、攻撃的ふるまいにいたる者もいるかもしれず、その場合には、スキル訓練により重点を置くのが望ましいであろう。また、通常の状態であれば、他者のことに十分配慮できる思考力を備えているのに、カッとなってしまった結果、見境なく乱暴なふるまいにいたってしまう者もいるかもしれない。その場合には、道徳的推論訓練よりも怒り統制訓練に比重を置くのがよいであろう。このほか、さまざまな行動レパートリーをもちあわせており、自分の意図どおりに行動できるものの、人間観・世界観が歪んでおり、人を痛めつけることに抵抗なく、あるいは痛めつけることに快感を覚えて、戦略的に攻撃行動を選択する者も存在するかもしれない。このような者に対しては、道徳的推論訓練を中心とした働きかけが有用であろう。

つまり、ARTが想定しているような攻撃的行動に影響を及ぼすと考えられる枠組を、指導者がしっかりともちあわせ、どの側面がどの程度問題であるかについて分析的に理解していくことは、その攻撃行動に潜んでいる問題性を明確化させ、さらに、その問題行動に照準を合わせた働きかけを可能にさせよう。そして、それは、暗中模索で働きかけていくよりは、ずっと効率的であろう。

一方、攻撃的なふるまいをする者にこうしたARTプログラムに参加させることは、自身のどのようなところが問題であるかといった自己洞察を深めさせることになろうし、攻撃行動にいたらずにすむための具体的な手立てを習得することによって、攻撃行動抑止への動機付けを高めることにもつながろう。A君が、キレてしまうことがあるとの自己認識をもちながらも、勝手にキレてしまうのでどうしようもないとして、キレないための工夫なり対策なりを講じてこなかったことを思い起こしてほしい。攻撃行動に焦点を当てたARTのようなプログラムに参加させることは、攻撃行動の責任が自分にあり、それを自分で抑止することが可能であるとの意識喚起につながるであろう。

とはいえ、このA君については、攻撃行動のみをとりあげたところで、A君が抱えている問題すべてを解消することにはならないであろう。また、攻撃行動についても、その抱えている問題と、実のところ深く関連がある。そのため、A君自身に問題意識が芽生えたからといって、それが攻撃行動根治につながるとは限らない。攻撃行動にいたりそうになった際の、当座の表面的な対処療法的なものと言えなくもない。

A君の底流に流れているよりどころを見出せないもやもやとした冴えない気持ちや、外界のちょっとした刺激であっても気持ちがゆすぶられやすいことについては、幼少期から親から満たされてこなかった愛情欲求不満がその基盤をなしていよう。A君自身、受容的な他者がいるときは、比較的気持ちが落ち着いていると認めており、実際、自らを受容してくれそうな他者には甘えてくるところがあり、それは、先の欲求不満を多少とも代償的に充たそうとしてのものと理解できる。また、A君には、どこかおどおどしたところがあり、不快と感じればその場から逃げようとするばかりで、現状を少しでも良くしていきたいとの気概は認められない。この程度は自分にできるのではないかといった自己効力感を有していないし、自らが大切に扱われたという経験が乏しいため、自分を大切にすることを体得できておらず、それらが現状に甘んじる結果につながっている。したがって、A君への働きかけにあたっては、まずもって、このようなA君の内面の心もとなさに対して、どのような埋め合わせをしていくかが肝要であろう。こうした内面ゆえ、普通の人よりも傷つきやすかったり、いらいらしやすかったりするのであり、つまり、このA君の内面が、攻撃行動の発生源にもなっているのである。そして、このような問題に対する働きかけについては、当然ノウハウ的な内容となっているARTで対処できる範囲を超えている。

このようなA君の内面に介入して社会化をうながしていくには、かなりの時間と労力を要することになろう。しかし、それはある意味、当然である。手をかけられてこなかったのだから、その分を、どこかで誰かが手をかけてあげないとダメなのである。さらに、手をかけられてこなかった分、手をかけられていれば、その後の社会生活において積み重ねることができたであろう経験を蓄積できず、あるいは誤った方向でとらえてきてしまっているのであって、その分の手当てまでもしていかないといけないのである。

このA君のように、攻撃的なふるまいをする青少年は、抱えている問題の軽重の差はあれ、攻撃的なふるまいのみの問題を抱えているわけではなく、むしろ、A君同様、その問題と攻撃的ふるまいが関連しており、その問題への介入を要する場合が大半である。とはいえ、最終的に攻撃的行動がなくなっていくには、ARTでとりあげられていることが達成される必要がある。つまり、ARTがとりあげていることは、そのようなとらえ方や行動が現実の生活でできるようになっていくための指針あるいは目標と言えよう。

青少年の攻撃行動を、個に対してではなく、社会のあり方に求めることもできるかもしれない。たとえば、現代社会はせわしなくストレス過多であり、それが青少年を攻撃行動に走らせていると解釈することも可能かもしれない。また、物質的に豊かであまり他者に対して干渉しあわないご時勢ゆえ、成長過程で欲求不満を体験することが少なく、それゆえその耐性が乏しく、一時期「キレる」の言葉がはやったように、ちょっとしたことで我慢できなくなっては攻撃行動に走りやすくなっているのかもしれない。とはいえ、どのように社会を憂いたところで、現に攻撃的にふるまう青少年がおり、そのことで当事者である青少年自身も困っているのである。そのような青少年個々に対する具体的対策の一方法として、ＡＲＴは一考するに値すると思われる。

（ふじの・きょうこ　早稲田大学）

【文献】
荒木紀幸　1997『続 道徳教育はこうすればおもしろい――コールバーグ理論の展開とモラルジレンマ授業』北大路書房。
大渕憲一　2000『攻撃と暴力――なぜ人は傷つけるのか』丸善ライブラリー。
櫻井秀雄・品田秀樹　2006「ＳＳＴ」財団法人矯正協会『矯正教育の方法と展開――現場からの実践理論』財団法人矯正協会。
藤野京子　2006「ゴールドスティンらが提唱するＳＳＴ」『刑政』117(1): 36-44.
藤野京子　2002「非行少年が映し出す現代社会」『駒澤大学教育学研究論集』18: 113-34.
本田恵子　2008「アンガーマネージメントの考え方と進め方」『刑政』119(5): 46-57.
三浦秀徳他　2007「少年院における処遇困難者に対し攻撃置換訓練（ＡＲＴ）を適用した事例」『犯罪心理学研究』45（特別）: 64-5.
宮本史郎　1998「モラルジレンマ授業による道徳性の発達」『刑政』109(6): 36-45.
山本善博　2006「モラルジレンマ指導」財団法人矯正協会『矯正教育の方法と展開――現場からの実践理論』財団法人矯正協会。
Agee, Vicki. L. & McWilliams, Bruce 1984 "The Role of Group Therapy and the Therapeutic Community in Treating the Violent Juvenile Offender," Mathasis, R. *Violent Juvenile Offenders*. San Francisco: National Council on Crime and Delinquency.
Bandura, Albert 1969 *Principles of Behavior Modification*. New York: Holt, Rinehart & Winston.
Bandura, Albert 1973 *Aggression: A Social Learning Analysis*. Englewood Cliffs, NJ: Prentice-Hall.
Feindler, Eva L. & Ecton, Randolph B. 1986 *Adolescent Anger Control: Cognitive-behavioral Techniques*. New York: Pergamon.
Gibbs, John C., Potter, Granville Bud, & Goldstein, Arnold P. 1995 *The EQUIP Program*. Champaign, Illinois: Research Press.
Goldstein, Arnold P., Apter, Steven J. & Harootunian, Berj 1984 *School Violence*. New Jersey: Prentice-Hall. Inc. =1988 内山喜久雄監訳『スクール・バイオレンス』日本文化科学社。
Goldstein, Arnold P., McGinnis, Ellen, Sprafkin, Robert P., Gershaw, N. Jane & Klein, Paul 1997 *Skillstreaming the Adolescent* (rev. ed.). Champaign, Illinois: Research Press.
Goldstein, Arnold P., Glick, Barry & Gibbs, John C. 1998 *Aggression Replacement Training: A Comprehensive Intervention for Aggressive Youth* (rev. ed.). Champaign, Illinois: Research Press.
Gregg, Virginia, Gibbs, John C. & Basinger, Karen S. 1994 "Patterns of Developmental Delay in Moral Judgement by Male and Female Delinquents,"

Merrill-Palmer Quarterly. 40: 538-53.
Kohlberg, Lawrence 1969 "Stage and Sequence: The Cognitive—Developmental Approach to Socialization," Goslin, D. A. *Handbook of Socialization Theory and Research.* Chicago: Rand MçNally =1987 永野重史監訳『道徳性の形成——認知発達的アプローチ』新曜社。
Lurija, Aleksandr Romanovich 1961 *The Role of Speech in the Regulation of Normal and Abnormal Behavior.* New York: Academic.
Meichenbaum, Donald. H. & Goodman, Joseph. 1971 "Training Impulsive Children to Talk to Themselves: A Measure of Developing Self-control," *Journal of Abnormal Psychology.* 77: 115-26.
Novaco, Raymond W. 1975 *Anger Control: The Development and Evaluation of an Experimental Treatment.* Lexington, MA: D. C. Health.
Patterson, Gerald R., Reid, John. B., Jones, R. R. & Conger, R. E. 1975 *A Social Learning Approach to Family Intervention* (vol.1). Eugene, OR: Castalia.

付録　ゴールドスティンが挙げた五〇のスキルとそのスキル獲得のためのステップ

グループⅠ：初級の社会適応スキル

1．聴く
話し手を見る／言われていることについて考える／自分が話す順番を待つ／言いたいことを言う
2．会話を始める
相手に挨拶する／軽い会話をする／その相手が聞いているかを判断する／主題を取り上げる
3．会話を続ける
言いたいことを言う／相手が何を考えているのかを尋ねる／相手が話していることを聴く／自分が考えていることを言う／終わりの言葉を述べる
4．質問する
何についてもっと知りたいのかを判断する／誰に尋ねるかを判断する／様々な質問の仕方を考え、その中の一方法を選ぶ／質問するのに適当な時と場所を選ぶ／質問する
5．感謝の気持ちを述べる
自分が感謝したいようなことを相手が言ったりしたりしたかを判断する／相手にありがとうと言うのに適当な時と場所を選ぶ／相手

に親しみをこめた方法で感謝の気持ちを述べる／なぜ感謝しているかを相手に述べる
6．自己紹介する
自己紹介に適当な時と場所を選ぶ／相手に挨拶して自分の名を名乗る／必要に応じて相手の名前を尋ねる／会話を始める助けになるような何かを相手に話したり尋ねたりする
7．人を紹介する
一人目の名前を言い、その人に二人目の人の名前を伝える／二人目の名前を言い、その人に一人目の名前を伝える／その二人が互いについて知り合うことを助けるような何かを言う
8．ほめる
相手の何をほめるかを判断する／どのようにほめるかを判断する／いつどこで言うかを判断する／ほめ言葉を言う

グループⅡ：中上級の社会適応スキル
9．助けを求める
何が問題かを判断する／助けが必要かを判断する／助けてくれそうな人を複数考え、その中から一人を選ぶ／その人に問題について伝え、助けを求める
10．参加する
他の人達が行っている活動に参加したいかを判断する／自分が参加するのに最もよい方法を判断する／参加するのに最もよい時を選択する／活動に参加する
11．指示を与える
何がなされる必要があるかを判断する／それをやれるであろう人を複数考え、その中から一人を選ぶ／その人に、自分がしてもらいたいことを頼む／その人が何をすべきかを理解しているかを尋ねる／必要であれば、指示を変更したり繰り返したりする
12．指示に従う
何をするように言われているかを注意深く聞く／わからないことは質問する／その指示に従いたいかどうかを決め、自分の決めたことを相手に知らせる／指示を自身に繰り返し言う／するように言われたことをやる
13．謝る
自分のしたことについて謝るのが最もよいことかを判断する／自分ができる様々な謝り方を検討する／謝るのに最も適当な時と場所を選ぶ／謝る
14．説得する

あることについて誰かを説得したいかを判断する／自分の考えを相手に伝える／それについて相手が思うことを尋ねる／自分の考えがなぜよいかを伝える／相手が結論を下す前に、自分の言ったことをよく考えてくれるよう頼む

グループⅢ：感情処理スキル

15．自分の感情を理解する
自分の感情を理解するのを助ける身体反応がどうであるかに目を向ける／何が起こって自分の感情がそのようになったのかを判断する／その感情を何と呼ぶことができるかを判断する

16．自分の感情を表現する
自分の身体に何が起こっているのかに目を向ける／何が自分にそう感じさせているかを判断する／何を感じているかを考える／その感情を表現する様々な方法を考え、その中から一つを選ぶ／感情を表現する

17．他者の感情を理解する
他者を観察する／その他者が言っていることをよく聞く／その人がどう感じているかを解明する／その人の気持ちを理解したと示す方法について考える／最もよい方法を判断し、それを行う

18．他者の怒りに対処する
怒っている人の話をよく聞く／その怒っている人が言っていることと感じていることを理解しようと努める／その場面にうまく対処するために、自分が何か言うことができるか、また、何か行動することができるかを判断する／もしできるなら、他者の怒りにうまく対処する

19．好意を表現する
その相手に対して自分がよい感情を持っているかを判断する／その相手が自分の感情を知りたがっているのかを判断する／自分の気持ちを表現するのに最もよい方法を選ぶ／自分の気持ちを表現するために最もよい時や場所を選ぶ／親しみのわく方法で気持ちを表現する

20．恐怖に対処する
自分が怖がっているかを判断する／何を恐れているかを考える／その恐怖が現実的なものかを解明する／恐怖を取り除くための手立てを講じる

21．自分自身をほめる
自分が報酬を受けるに値することをしたかを判断する／自分をほめるために何と言うべきかを判断する／自分をほめるために何をすべきかを判断する／自分をほめる

グループⅣ：暴力の代替手段となる能力

22．許可を求める
許可の必要な何をしたいかを判断する／誰に許可を求めなければいけないかを判断する／どのように許可を求めるかを判断する／適切な時と場所を入念に選ぶ／許可を求める

23．何かを分かちあう
自分が持っているものの一部を分かちあいたいかを判断する／その分かちあいについて相手がどう感じるかを考える／直接的かつ親しみを感じる方法で分かちあうことを申し出る

24．他者を助ける
その相手が自分の助けを必要とし欲しているかを判断する／自分が役立ちうる方法を考える／その相手に、自分の助けを必要とし欲しているかどうかを尋ねる／その相手を助ける

25．交渉する
自分と相手が違う意見を持っているかを判断する／相手に、その問題について自分が思っていることを告げる／相手にその問題についての考えを尋ねる／相手の答えを率直に聞く／相手がなぜそのように感じるかを考える／妥協案を示唆する

26．自己統制を用いる
自己制御ができなくなっていることを知らせる自分の身体の変化に目を向ける／何が自分をこのように感じさせたのかを判断する／どのように自己統制できるかの方法を考える／自己統制する最善の方法を選択し、それを実行する

27．自分の権利を主張する
自分が不満足であり主張したいということを知らせる自分の身体の変化に注意を払う／何が自分を不満に感じさせているかを判断する／自分の権利を主張する方法を考え、そのうちの一つを選ぶ／直接的かつ理にかなった方法で自身について主張する

28．からかいにうまく応じる
自分がからかわれているかを判断する／そのからかいの対処方法を考える／最もよい方法を選び、実行する

29．他者とのトラブルを避ける
自分がトラブルに巻き込まれるかもしれない状況にいるかを判断する／自分がその状況から回避したいかを判断する／自分が判断したこととその理由を相手に告げる／自分がするかもしれない他のことについて示唆する／自分にとって最もよいと考えていることを実行する

30．争いを避ける

立ち止まって、なぜ自分が争いたいかを考える／長期的に見て、自分は何が起きるのを望んでいるかを判断する／その状況を処理する争い以外の方法を考える／その状況を処理する最もよい方法を判断し、それを実行する

グループⅤ：ストレス処理能力

31．不満を言う
自分の不満が何かを判断する／誰に対する不満かを判断する／その人に不満を言う／その人に、その問題について自分がどうして欲しいと思っているかを言う／自分が言ったことをその人がどのように感じたかについて尋ねる

32．不満に対応する
不満を聞く／自分が理解できないことについては、その人に説明してくれるよう頼む／自分が不満を理解したことをその人に告げる／不満についての自分の意見を述べ、適切であるならばその非難を受け入れる／自分達それぞれが、その不満に対してできることを提案する

33．スポーツマンシップにのっとる
試合の中で、自分がどう動き、相手方がどう動いたのかを考える／その相手方の試合について、その相手に自分が言ってあげられるほめ言葉を考える／自分が言ったとして、その相手方の反応について考える／最もよいと思うほめ言葉を選び、それを言う

34．困惑に対処する
自分が困惑を感じているかを判断する／何が自分を困惑させているかを判断する／何が困惑した気持ちを軽減してくれるかを判断し、それを実行する

35．仲間はずれにされることに対処する
自分が仲間はずれにされているかを判断する／他者がどうして自分を仲間はずれにしたのかを考える／この問題に対して自分がどのように対処するかを判断する／最もよい方法を選び、実行する

36．友人を擁護する
友人が周囲の人に公平に扱われてこなかったかを判断する／その友人が自分に擁護してほしいと思っているかを判断する／どのように友人を擁護するかを判断する／友人を擁護する

37．説得に応じる
その話題に関する相手の意見を聞く／自分がこの話題についてどう考えるかを判断する／相手の言ったことと自分の考えを比較する／どちらの考えが好ましいかを判断し、それを相手に伝える

38．失敗に応じる

自分が何かで失敗したかを判断する／どうして失敗したかを考える／同じような失敗をしないために何ができるかを考える／もう一度それに挑戦するかを判断する／自分の新たな考えを用いることを再び試してみる

39．矛盾する意見に対処する

誰かが同時に二つの相反する意見を自分に言っているかを判断する／ その相手が意味していることを自分が理解できないと伝える方法を考える／その相手に伝える最もよい方法を選び、実行する

40．非難に対処する

相手が何について自分を非難しているかを考える／なぜその相手が自分を非難したのかを考える／その相手の非難への答え方を考える／最もよい方法を選び、実行する

41．難しい会話に対して準備する

その会話の最中、自分がどう感じるかを考える／相手がどう感じるかを考える／自分の言いたいことを伝えるほかの言い方について考える／相手が何と言い返してくるかを考える／会話の最中に起きるかもしれないほかのことについて考える／考えられる最もよいアプローチを選び、試す

42．集団圧力に対処する

その集団が自分に何をしてほしくて、それはなぜかを考える／自分がしたいことを判断する／自分がしたいことをその集団にどのように伝えるかを判断する／その集団に自分が判断したことを伝える

グループⅥ：計画能力

43．やる事を判断する

自分がやっていることについて、退屈あるいは不満と感じているかを判断する／過去にやって楽しかったことを考える／どれが今できるかを判断する／その活動を始める

44．問題の原因を判断する

問題が何かを明確にする／その問題について、ありうる原因を考える／その問題の最も可能性の高い原因を判断する／その問題の本当の原因が何かを確認する

45．目標を設定する

何の目標を自分が達成したいかを探す／どのようにしたら目標に達成できそうかについて、あらゆる情報を探す／目標達成のために必要な手順を考える／目標に向けて第一歩を踏み出す

46．自身の能力に関して決定を下す

どの能力を使いたいかを判断する／これらの能力を使おうとした時に過去にどうしたかを考える／自分の能力について他者の意見を得る／自分が発見したことについて考え、これらの能力を使うことがどれほど良いかを考える

47．情報を収集する

どんな情報が必要かを判断する／どのようにしてその情報を得られるかを判断する／情報を得るためのことをする

48．重要性によって問題を並べかえる

自分を悩ませている問題について考える／これらの問題について、最も重要なものから最も重要でないものまでをリスト化する／重要でない問題をどうしたら延期できるかを考える／最も重要な問題に取り組む

49．決定をする

自分が決定を下す必要がある問題について考える／自分ができる可能性のある決定について考える／これらの可能性のある決定について正確な情報を集める／収集した情報を使って、自分ができうる決定を再検討する／最もよい決定を行う

50．課題に集中する

自分の課題が何かを判断する／この課題に取り組む時を判断する／必要なものを集める／取り組む場所を判断する／自分が集中する準備ができたかを判断する

4

「自己形成空間」としての少年鑑別所

――〈教えない―学ぶ〉関係としての観護から――

山内　啓路

〈概要〉

本論文は、空間としての少年鑑別所を機能性と意味性の両方の軸から検討し、ついで、在所する非行少年の「更生」ではなく「変容」を「自己形成空間」というコンセプトから検討する。少年鑑別所は、非行少年の「健全な育成の完成」の道程を用意するに過ぎない。どこでも、だれからでも学び、そして自らをさらに「変容」させることは、子どもと社会との関係性に委ねられている。少年鑑別所を後にした子どもたちは、社会から奇異の視線を受けながらも、自分と社会との関係性を、意識的にせよ無意識的にせよ、編み直していかなければならない。その意味で、少年鑑別所は、子ども自らの変容可能性を信じ、子どもの逞しさを信頼しながら、「生きられた空間」でなければならないだろう。このように考えるとき、現在の少年鑑別所が直面している課題も見えてくる。

はじめに

本稿の目的は、少年鑑別所へ収容されることが非行少年の「更生」に関して何らかの意味を与えうるとするとき、それが非行少年にとってどのような関係性であるのか、どのような場所として生起するのかを考究することにある。ところが、この問いには予め問題が内包されている。少年鑑別所への収容は、少年院への収容と同様に家庭裁判所の決定に基づいて行われるが、その目的は収容して資質の鑑別を行うことにある。つまり、少年鑑別所は、少年院とは異なり意図的、計画的な教育（矯正教育）を行う機関ではなく、鑑別を目的とした機関であり、そして、さまざまな入所事由の子どもが在所している機関でもある[1]。また、一般的に述べて「更生の完成」は簡単なものではない。刑事政策的な観点からも、そもそも施設内だけの出来事ではなく、施設内の処遇から社会内への処遇に引き継がれ、綿々とした処遇や支援の中でようやく「更生」が見られるといえるのではないか。つまり、そもそも少年鑑別所が未決の子どもを対象としており、改善や「更生」を目的とした働き掛けが制度上できないことからも少年鑑別所の意味を「更生」からではなく「変容」から可視化しうるのではないか。

もっとも非行臨床に携わる者としては、もっと素朴に在所した子どもの日々の日記や退所する際のアンケートから、在所したことによって、「もう悪いことはしません」とか、「親の有難味が分かった」といった、後悔や反省の記載を見ることになる。あるいは、きつい眼つきで、肩をいからせて歩いていた子どもが、いつの間にか柔らかい表情で接し、他の子どもの迷惑を考えて静かに歩くようにもなる。また、面会場面で、保護者が、わが子の穏やかになった表情や物腰を見て驚くことも珍しくない。もちろん、これらの記述や子どもの反省的な語り、身体的な変化をもって「更生」している、あるいは「更生」したと考えるわけではない。しかし、今までの社会生活では、——より厳密には、事件の発生から逮捕、勾留までの入所前の生活も含めて——考えが及ばないことにまで想いをめぐらせ、行動や思考を変えていく、そんな「変容」をもたらす契機となっているのである[2]。

少年鑑別所という空間に在所することが子どもに「変容」をもたらす経験を与えるとしたら、この作用はどのように考えたらよいのか。このような問いに応えようとすると、従来の「教育（機関）」という枠組みでは捉えきれない意味や関係性から迫る必要があるように思われる。そこで、本稿では、空間としての少年鑑別所を機能性と意味性の両方の軸から検討し、ついで、在所する非行少年の「更生」ではなく「変容」を「自己形成空間」というコンセプトから検討していきたい。

1　制度としての少年鑑別所と観護

(1) 少年鑑別所に辿りつくということ

少年保護事件の手続きでは、全件送致主義をとっているので、事件の発生から逮捕、勾留、地検を経て、最終的には、家庭裁判所の決定をもって入所してくることが殆どである。年間約一六、〇〇〇人の非行少年が入所するが、年間約一五〇、〇〇〇人の少年が検挙されている中で最終的に少年鑑別所に辿りつくというのは、検挙人員の一〇％程度という「選ばれた子どもたち」である[3]。

ここで、看過してはならないことは、非行少年にとって身柄の収容、あるいは社会との隔絶ということが、逮捕から始まっているということであり、かれらは、非行事実を認めている限りにおいては相当程度反省や後悔を少年鑑別所に至るまでに考えていることが見込まれるということである。正確を期せば、身柄を収容されているから、あるいは社会と隔絶した環境にいるから反省や後悔をする、再非行を犯さない、ということではもちろんない。そうではなく、地域や学校、家庭といった当たり前の日常生活、環境を相対化する機会、事件について振り返る機会には恵まれていたであろうということである。また、少年鑑別所に至る過程において、多くの時間を過ごす場所は勾留場所である警察署留置施設であるが、ここでは事件に関する取調べが中心であり、日常生活を振り返ることが目的ではないという批判も想定される。しかし、他者との具体的な関係が制限され、自己言及的になる時間と空間は既に始まっているのである。

重要なあるいは一般化された他者や所属する世界から引き離されるということが、子どもにとって決定的な意味をもつことはいうまでもない。社会から離れるということはそのまま自己や自我の解体・再生の契機となる。現代の若者が、家庭、学校と並び消費社会型の子ども文化というトライアングル構造を生きている特異性に注目する中西は、かれらにとって他者が脅威であることを指摘している[4]。この他者との隔絶が収容とともに両義的に開始されるのである。

ところで、少年鑑別所へと至る観護措置で重要なことは、非行事実の認定とそれを含めた要保護性（保護を欠いた状態）である。少年鑑別所に収容するという強制的措置に対する根拠をこの「保護原理（Paternalism）」に見出すと、そこには、二つの含意、侵害性（他人に迷惑をかける）、自損性（自分自身を傷つける）がある。澤登（2008）は、要約して次のように述べている。「他人の重要な生活利益を侵害する、あるいはそのおそれが極めて強い行為であるから、非行を繰り返すことによって少年は社会から孤立し、社会生活がもたらす一般的・平均的な利益から遮断される。この意味で非行は自損行為であり、非行少年は社会的弱者の地位に立たされる」[5]。非行少年に対する収容の根拠である保護原理を端的に示しており、収容に伴い、二重の遮断、非行を行うことによって、社会生活がもたらす一般的・平均的な利益から遮断されることと、収容に伴う具体的、身体的な遮断が始まるのである。そこで、次に少年鑑別所がどのようにかれらを迎えるのかを概観していく。

(2)　機能空間としての少年鑑別所

少年鑑別所には、収容と鑑別の二つの基本的な機能がある[6]。収容については、同規則第二条に「少年鑑別所においては、少年を明るく静かな環境に置いて少年が安んじて審判を受けられるようにし、そのありのままの姿をとらえて資質の鑑別を行うよう心がけなければならない。」という訓示規定が見られるが、収容が法的強制力を帯びた措置であることには変わりはない。

少年鑑別所における収容と鑑別の関係を、泉（1993）は、少年院における収容と矯正教育と比較して簡明に説明している。それによると、少年院における収容は、矯正教育の前提、矯正教育という上位の目的のための手段という序列的な関係にあるのに対し、少年鑑別所における収容は、鑑別と相互に独立した並列的な同位の目的として存在し、少年鑑別所の独自性をこの収容と鑑別の積集合である収容鑑別に見出している。また、少年院においては、「『収容』自体に自己目的性はな［い］」（泉 1993: 81）というとき、少年鑑別所の収容鑑別における収容の自己目的が審判を受けるために「明るく静かな環境に置く」こととして鮮やかに浮き上がってもくる。

ここで改めて、現行の少年鑑別所が収容鑑別として子どもを収容することの意味を掘り下げてみたい。少年鑑別所は矯正施設である限り、ゴッフマンのいう「全制的施設（a total institutions）」の一つであり、「被収容者たちの時間と関心の何ほどかを捉え、彼らに何らかの世界を与えている」という全体を包括するような性状をもっている（ゴッフマン 1961=1984: 4）。また、その特徴は「生活の全局面が同一場所で同一権威に従って送られる」、「被収容者の日常生活の各局面が同じ扱いを受け、同じ事を一緒にするように要求されている多くの他人の面前で進行する」、「毎日の活動の全局面が整然と計画され、一つの活動は予め決められた時間に次の活動に移る」（ゴッフマン 1961=1984: 6）という三点に集約される。

しかし、このような特徴が少年鑑別所にそっくりそのまま当てはまるわけではなく、その帰趨として、身体の規律化を不可視に浸透させているとはいい切れないのではないか。例えば、在所中の非行少年にとって観護職員は、一つの権威であることは間違いない。しかし、この観護職員の権威は、後に受ける審判という権威／裁判官や家庭裁判所調査官、あるいは鑑別を主に担う鑑別技官という別の権威に対して相対的に微弱なものであることを非行少年は、感覚的に熟知している。そうでなければ、家庭裁判所調査官との面接後に慇懃にお辞儀をして面接室を後にする非行少年が、居室では職員から挨拶を受けても挨拶を返さないという態度に及ぶであろうか。また、権威と感じたとしても、それに対してそもそも「従順さ」を表出する習慣を身に付けきらずに在所しているという感も否めない。いくらがんばっても「〜っす」と社会内での先輩に対する「丁寧語」になってしまうことも少なくない[7]。誤解を恐れずに述べれば、これらの態度は否定的に取り上げられる事柄でも何でもない。むしろ「ありのままの姿」をよく表しており、また、観護職員が権威として絶対化しないという健全さをもって働いているように思われる。

また、確かに所内生活は日課に従って送られるため、起床や就寝、食事の時間などは細かく定められている。予め計画された生活計画に則り非行少年は在所期間を通じて生活することになるが、ここにおいても観護の原則である任意性の原則や個別性の原則により、庇護されているともいえる[8]。居室の規格こそ概ね同じであるが、取り扱いは、子どもひとりひとりに応じ異なり、強制的に一律にしなければならないということはなく、また、集団になる場面は限られているために、他の子どもの目の前で強制される事柄というのは、厳密な意味においてはないのである[9]。このため施設や制度として権威的に機能していることと子どもと職員の個別具体的な関係性が権威的かどうかということは丁寧に見る必要があり、ゴッフマンの議論をそのまま援用することには若干の留保も必要であろう。

では、少年鑑別所に収容されることに伴い、子どもが「変容」していくための仕掛けはどこに用意されているのだろうか。吉村は、子どもの変化を生み出すものを「場の力」と呼び、その要因として、一点目は、「規則正しい健康的な生活」、二点目は、「一人静かに自分自身と向き合う時間」があるという(吉村 2006: 60)。規則正しい時間に寝起きして、栄養バランスの摂れた三度の食事をし、適度な運動を行うことで、表情、意欲、気力が回復するのだという。一見当たり前と思われる生活であるが、子どもの社会での日常生活を翻って考えることが必要であり、回復という「変容」を生み出す点では、むしろ、少年鑑別所の方が明確で「当たり前の生活」が整っているとさえいえることもあるのではないだろうか。

二点目に関しては、「不良仲間や家族などのしがらみの多い人間関係から離れ、気を紛らわしてくれるにぎやかな刺激のない生活」（吉村 2006：60）は、社会では避けていたものが自分自身へと対自的に向き合う時間として経験されるという。そのため、同じように在所している他の子どもがきちんと生活していることが刺激となり、相乗的に自分自身の課題へと向かう雰囲気を作り出すことが重要にもなってくる。収容という枠組みは、明確な規則の下、それでも個として扱われるという経験として機能することで、確かに「対人関係における疎外感が和らぎ、寂しさやわがままを我慢するような自己抑制も可能」（石毛 2009: 72）になるのかもしれない。このような環境が整備されることで徐々に落ち着いていき、拘禁されている生活ではあるが、それでも精神的には自由な選択可能性の中にいること、退所までの間の過ごし方に「変容」を外在化していくことも可能となる。

それでは、かれらは少年鑑別所の中にあってどのような関係性を職員と取り結んでいるのか、観護職員との関係に限って検討していく。

(3) 関係性としての観護

小田・渡邉（1999）に従うと、観護は、保安機能・鑑別機能・保護機能に大きく分類することができる。そして、保護機能は、さらに生理的保護機能・社会的保護機能・心理的保護機能・教育的保護機能に分けている。生理的保護機能は、「生理的な欲求を充足させるためのかかわりであり、具体的には食事の世話や衛生管理」、社会的保護機能は、「少年の基本的な人権保障に基づくかかわり」、心理的保護機能は、「不安定な心情を和らげるためのかかわりであり、受容的な態度に基づく生活面での様々なケア」、教育的保護機能は、「ひとつはこれ以上悪化させないための処置であり、もうひとつは、成長発達の途上にある少年に必要な援助を行うこと」（小田・渡邉 1999: 17）であるという。これら観護の機能は少年鑑別所処遇規則第三条の態度で接し、第二条にある「安んじて審判を受けられるようにする」という目的をもつが、これら諸機能は、いずれも独立しているというよりは、実際の場面では関連しあって構成されていると考えるのが普通であろう。例えば、子どもの面会場面を想定し、そこに立ち会うことは、子どもの鑑別に資する行動観察を行いながら、身柄を保全するという保安機能も果たし、さらに基本的な面会の権利を保障、尊重しながら面会時やその後の心理的なケアを行っていくという点で保護機能も果たしうるのである。

観護は、このように収容や鑑別（の一部）、保護に寄与しながら横断的に働いている。このような情況を布置としながら、観護職員が子どもの「変容」へと関係性を切り結ぶ端緒をどこに見出したらよいのだろうか。その方途として、広田（2002）の〈教える—学ぶ〉関係が原理的には対応していないことを前提に、今日関係自体が揺らいでいるという情況理解が一つの手掛かりを与えてくれる。

広田によれば、〈教える—学ぶ〉という関係そのものが、偶然性に委ねられていること、歴史的に見た今日的状況においては、教えるという権力を正当化するイデオロギーがもはや喪失しているのだということが指摘されている。「学ぶ側に軸をシフトさせざるをえなくなってきたがゆえに、『教える—学ぶ関係』は、特有の困難を抱えるようになってきたのではないだろうか」（広田 2002: 94 l）というとき、教える主体を教師、学ぶ主体を生徒と限定し、舞台を学校に置いている限り今日的な学校教育の状況を的確に捉えていると思われる。しかし、学校を少し離れてみると、このような状況は必ずしも一般化しえないことは、論者自身が注釈を付していることでもある[10]。このように考えると、学ぶ行為の主体が子どもであること、そのために教える主体のパターナリスティックな感度が問題を問題化せしめているとも考えられる。

この〈教える—学ぶ〉関係を少年鑑別所に場所を移して考える前に、広田による〈教える—学ぶ〉関係の今後の可能性に関する結論を確認しておこう。端的には、「学ぶ側に寄り添ってやっていくか、教える側を立て直して強化しようとするのか、また、具体的な方向をどう選ぶかといったことは、論理的に収斂するわけではなく、共約不可能な前提の間での価値的な選択になるはずである」（広田 2002: 94 r）と論じて、方法に関する選択肢を用意している。また、この際のポイントを子どもの（自己決定の主体としての）自律性と「未熟な存在」としてのパターナリスティックな配慮の対象となる部分との境界線に置いていることも看過できない。

それでは、少年鑑別所という場所において、観護職員と子どもとの関係をどのように説明することができるのかを考えてみたい。結論を先取りすれば、〈教えない―学ぶ〉関係が成り立ち、そこに「変容」の契機を見出すことができるのではないかと考えるのである[11]。

観護は、その機能から見たとき、あらゆる保護の仕組みを張りめぐらせていることは先に述べた。ここで特徴的なことは、子どもの自律性――但し、この自律性は、収容のうちにある選択的で空間的に限定的な自律性であるが、――とパターナリスティックな配慮が両立しうる情況が構築されているということである。また、教育施設ではないが故に特定の目的をもった働きかけとしての「教える」というかかわりは行われておらず、あるとすれば、それは計画されていない、目的なき問いかけであろう。観護職員との関係における〈学ぶ〉か、〈学ばない〉か、あるいは〈学ぶふりをする〉か、という選択は、少年鑑別所においても、常に子どもに委ねられているのである。

観護職員の目的なき問いかけに関し、それは「教える」ことの言い換えに過ぎないという指摘もあるかもしれないが、そうではない。観護職員が子どもに対して権威を帯びた存在であるとしても、この権力関係は、子どもの〈学び〉を脅迫・強制するものではなく、機能としては、収容や無事故を保障することに伴う保安的機能として働いているからである。在所期間中、子どもに何かをここまで学ばせなくてはいけない、教えなくてはいけないという機能自体はなく、また、社会からも〈学ぶ〉という形での観護に関する期待や要請は明示化されていないように思われる。

それでも子どもが〈学ぶ〉仕組みが用意されているのは、観護職員との関係性でいえば、「濃密な対面関係」[12]が嫌でも大きくならざるをえない連鎖に互いにつながれているからであり、子どもの生活に寄り添い、支えているからであろう。一日の生活でいえば、起床から就寝までの間はもちろんのこと、眠っている間も子どもの動静を絶えず見守っている。子どもの側から見れば、配膳時の箸を持ったり置いたりする仕草から、「いただきます」の挨拶まで、些細な瞬間も職員とともにある。布団を干すために居室に入られたり、パジャマを洗濯されたりと生活の隅々にまで関係が及ぶのである。そのような関係性の中で、子どもはいつの間にか、「残さずに食べれました」と微笑みながら食器を返したり、お礼を述べながら布団をきれいに畳んで、職員が受け取りやすいように手渡すようになったりするような態度の変化を見せるのである。あるいは言葉に表さなくても、日々の日記に突然悩みを相談してきたり、親が日々洗濯してくれるといった当たり前の生活の有難さについて翻って記述したりするなどの「変容」を見せるのである。

このような子どもの「変容」は、私たちが〈教える〉ことによって及ぼされるのではなく、所内での生活を通じて見られるものであり、子ども自身が所内生活そのものや職員の姿から勝手に感受しているといえる。教えていないにもかかわらず、自ら〈学ぶ〉ことによって自己の「変容」としていつのまにか身体化していくのである。このように些細な「変容」をも過敏に見取ることができるのは、観護が行動観察という鑑別にかかわる機能の一部を担っているからとも説明できるが、「濃密な対面関係」が「関係の冗長性」[13]をも孕みうるからという説明も成り立つように考えられる。そして、職員として反復的に行う日々の仕事——配食や巡回など——において機能的であることと、職員として個別の子どもとの関係性が（常に再生不可能な）冗長的であることとは峻拒したうえで、後者に関係性の意味を見ていくことが必要に思われる。

2　〈自己形成空間〉としての少年鑑別所

少年鑑別所の機能について制度と観護の関係性から見てきたが、この観護という関係性、〈教えない—学ぶ〉関係が成り立つのは、収容の何によって支えられているものなのだろうか。換言すれば、子どもが学ぶ情況を収容はどのように準備しているのか、その仕掛けについて考えてみたい。観護に関する限り、非行少年の側から見れば、それは、他者である観護職員との関係性から捉えている。しかし、収容中の他者は観護職員だけでは勿論なく、鑑別技官はもとより、家庭裁判所調査官、付添人、警察官などがおり、それ以外にも面会に保護者などが訪れて、それぞれに関係性を編み出している。また、他者だけではなく、さまざまな自然・事物との関係性も用意されている。それは、他者同様に収容という制度内にある限りにおいて、パッケージ化された自然・事物とも考えられるが、社会での出会い方とは異なる関わり方を展開している。

この収容という少年鑑別所の機能に関して、このパッケージングされているという独自の課題の受け止め方を、始めに〈自己形成空間〉という概念から分析してみたい。高橋は〈子どもの自己形成空間〉が、「物理的な空間であると同時に、社会的、関係的に構築された空間」であると説明し、次の三つの特徴をあげている。一つは、「自然・他者・事物と直接に関わり合うことのできる空間である。……自分の都合だけで行動するのではなく、自然・他者・事物との折り合いのつけ方を、身をもって体得できる場所」であると論じ、自然・他者・事物といったものが操作可能なものではなく、時に自己を傷つけ、扱いきれない対象として経験される場所であるとしている。二つめは、「五感による直接経験が生まれる場所である。……経験の繰り返しが、子どもの事物操作能力を高めると同時に、対人的な関係調整能力をも自然に鍛えていく」という。三つめに、「大人のように、世俗的利益一辺倒ではなく、世界の意味の重層性と広がりを感得できるのである。子どものファンタジーや異世界へのイメージを膨らませる場所」（高橋 2007: 172）であるという。

確かに、少年鑑別所を〈自己形成空間〉として考えてみると、特徴的に経験できる事態が多いことに気づく。例えば、日課の一つに図書交換というのがあるが、これは順番に行っていくために自分が本を選びたいと思った瞬間に行えるものではなく、自分の順番を待たねばならない。いますぐ図書交換をしたい、といったひとりひとりの我儘は通用しない。社会では、好き嫌いがあるのに、少年鑑別所内の食事で我慢して食べたら、意外に美味しかったと、自己の食わず嫌いに気がつく子もいる。また、そもそも規則正しい生活日課に則って生活しているので、自分が寝たいときに眠ることや、自由におしゃべりをできない時間などがあり、ここでもひとりひとり生活日課と折り合いをつけながら生活を営まなければならない。このように、自己にとって空間が、規則や秩序という形式で現れ、それに対して自己は関係調整という能力を鍛えることが要請されるのである。

そして、感覚豊かに自然と交わることに関して、生活を通じて季節の変化や天候などに過敏な反応を示すようになることもある。例えば、観桜会では、社会では桜を気にもしなかったと記述しながら、続けて桜の美しさに感動したり、春の匂いを感じたりしたことを日記に記載する子どももいる。また、天候の悪さに対して憂鬱な感情を表出したり、晴れた日に外の空気に触れることそれ自体に感激したりする子どももいる。このように子どもを〈自己形成空間〉から捉えてみると、収容生活の中で自然との関わり方を編み直し、看過していた世界を取り戻しながらそれに感応しうるという自己の「変容」を見せている。このような「変容」の過程に規律化の過程を見ることもできるが、しかし、自己の変形、変容可能性にとり、重要と思われるのは、結果としての規律化よりも、過程そのものである自然・事物から受ける受苦や葛藤といった経験のほうが意味を為しているのではないだろうか。

ところで、「自己形成空間」を特徴付けている「経験」に、高橋は両義的な性格を見出している。一方において、ゲーレン（A. Gehlen）の「負担軽減」に見られる制度化、すなわち「未知性を既知性の制度の網の中へ取り込んでいく、絶えざる包摂の運動」（高橋 2007: 173）として、他方で、「秩序化された『現実』を異化し（Verfremdung）、その『現実』に亀裂を加え、別の相貌をもった新たな『現実』を呼び起こす原動力ともなるのではないか」（高橋 2007: 178-179）と論じている。また、この「現実」に関して、木村敏の“reality”と“actuality”の違いに沿いながら、次のように結論付けている。すなわち、「経験が問題になるのは、reality の意味での『実在』ではなく、actuality の意味での『現実』である。経験は『実在』を反映するのではなく、『現実』を構成していく働きだからである。さらに言えば、reality は、すでに出来上がった、制度化された『現実』（過去形、もしくは完了形）が問題であるのに対して、actuality の方は、現在の差し迫った課題の中で構成され、編み上げられていく『現実』（現在進行形もしくは未来形）に関わっていくのである」[14]。

翻って、「自己形成空間」という物差しから現在の子どもを取り巻く社会情況・文化情況を考えると、高橋が度々論じているように、それは衰弱・衰退している。情報・消費型社会においては、自己選択パラダイムによる自己形成が行われ、子どもは「消費人（Homo Konsumens）」に類型化され、自然・他者・事物との関係性を豊かに織り成す機会が減少しているのである。子どもにとって少年鑑別所がこの〈自己形成空間〉を回復させる装置であると説明できればいいのだが、実情はもう少し複雑である。

まず、特徴に関し、少年鑑別所において身体的な直接の接触は他者との間に見出すことはできない。職員は頭をなでることさえできず、関わりあい方は、「濃密な対面関係」にあるとしても身体的な関係は禁じられているのである。次に、少年鑑別所は、そもそも過程的な施設であり、ここでの関係性は、収容という社会に対して閉じた空間であると同時に、いずれ社会に戻るまで過ごすという社会に対して開かれた空間でもある。少年鑑別所においての非行少年の現実がアクチャルなものであったとしても、それがいずれ「帰る社会」においても経験自体がアクチャルなものであり続けるのか、経験がどのように保存され、また、更新されるのかという連関構造のうちに捉えようとする巨視的な視座が必要になる。つまり、〈自己形成空間〉としての少年鑑別所は、「いま－ここ」といった在所経験のうちに、既存の自己を「現在の差し迫った課題の中」で新たに構成していくという現在進行形ないし未来形の課題を引き受けて可視化していくことができるが、退所したとき、社会に投げ出されたとき、〈自己形成空間〉としての少年鑑別所での経験自体は、制度化された現実、過去形ないし完了形の経験として、――それはすぐに「帰る社会」において新たに編み直されるかもしれないが、――保存されてしまうかもしれないのである。少年鑑別所での経験が「帰る社会」においてそのまま役に立っているのかどうか、意味を為すのかどうかはそのままでは問えないのである。

それでも、在所中の運動で、鬼ごっこなどをやると、無心にその世界に没入し、共犯や知己の子どもが同時に参加しているのも忘れて取り組む姿勢が見られる。先の〈自己形成空間〉に見た、虚構としてのファンタジー経験は、所内においても感得されうると考える所以である。また、ハリー・ポッターやダレンシャンを読んでは、職員を呼びとめ、その感動を話したくてしょうがない少年などを見ていると、そこには、審判結果を過剰に意識していい子として終始振舞う姿は見られず、その感動の中にいて、他者との共有を図ろうとしているようである。明日本の続きを早く読みたいからといい、本を抱きながら眠る子どもを見るにつけ、このような本との出会い方、関わり方が果たして社会では経験されるのかと思うこともある。このような経験は、「帰る社会」での子どもの存在自体が危ぶまれている情況と対比すると、より鮮明に浮かび上がるのではないか。社会と異なり、生活に関して選択肢が確実に少ない中、そこへの不満は殆どみられない。ここでは自己選択に対するメニューが少ない分、事物との関係が慎重になり、選択にかかわる力がより要請されもするのである。

おわりに

少年鑑別所を通り過ぎるということ

少年の「健全な育成」（少年法第1条）を至上の理念として掲げる少年鑑別所においても、少年院同様、「健全な育成の完成」を目指しながらも、その「完成」は所内では実現しえず、その道程を用意するに過ぎない。どこでも、誰からでも学び、そして、自らをさらに「変容」させていけるかどうかは、社会での関係性に委ねられているのである。まずは、見た目の異様さという視線を受けながらも、投げ出された社会においてその瞬間から自らの社会での関係性を意識的にせよ無意識的にせよ編み直していかなければいけないのである。

誤解を恐れずにいえば、そもそも在所期間だけで子どもに非行性を理解させ、事件の重大さを自覚させ、自分の問題に目を向けさせて、それを社会で実行させるだけの技能を身体化させるということは殆ど不可能に等しい。少年鑑別所に対して意図的で有用的な価値付与をするような見立てではなく、子ども自らの変容可能性への賭けを前提にした、子どもの逞しさを信頼しながら生活する装置としての意味を模索したのが、本研究の目論見であった。

少年鑑別所が強制的に行う収容鑑別、そこで横断的に行われる観護を通じて看取しうる子どもの「変容」とは、観護が独占するものではなく、観護が感応する機会にたぶんに恵まれていること、そしてその機会を可能にする収容世界としての「生きられた空間」に支えられているということであった。しかし、空間論として検討した結果、子どもの「変容」に関して新たな問題群をも生み出すことにもなった。以下その課題を今後の課題として整理しておきたい。

今後の課題

「自己形成空間」としての少年鑑別所は、子どもの「変容」を可視化するが、ここでの経験は「帰る社会」においても、その経験が保存される保障がどこにもないこと、いわば、在所経験は、「変容」のパッケージとしての意味しか果たせないかもしれないということである。多くの少年が、退所の後社会に戻り、そして少なくても再犯をしていないということは、ここに、何らかの連続性でも非連続性でもいいはずで、収容以降の壁を乗り越える仕方があるはずであり、それがどのようなものかはいまだ明らかになったとはいえない。ここには、二つの視点が必要に思われる。一つは、繰り返しになるが、少年鑑別所が収容することによってもたらした経験の時間性の次元からの再検討、もう一つは、保護観察などによる、社会での統制ないし働きかけである。この二つめに関しての研究の知見を改めて検討する必要があり、それは収容との連続性において検討する必要があるだろう。ここで困難なことは、再犯をしないことが「更生」と見なされる場合、あまりにも「更生」の意義が低く見積もられかねないということと、「変容」の要因が、学校や職場といった社会全般の働きかけなのかもしれない以上、保護観察官や保護司の働きかけへと収斂した検討が難しいこと、個別具体的な事象であること、などである。

社会での「変容」の保存・維持ないし更新と関連してもう一つ検討するべきことがある。それは、「退所不安（release anxiety)」と「文化剥奪（disculturation)」[15]といわれるものであり、社会に戻った途端にまた、入所前の社会的文脈の中に人は簡単に包摂され、結果として犯罪を繰り返すこともあるということである。

これは、社会に戻った子どもが否応なしに、「まなざしの地獄」[16]にさらされることとも関連してくるだろう。すなわち、退所した子どもが要求する社会との関係と、社会からのまなざしとの間にはずれがあり、その差異に対して子どもが過剰に反応してしまうことで、子どもは、自分の存在をより危うくしかねない。

これらの問題群は、再非行防止を標榜する少年鑑別所にとっては、大きな課題であり、きちんと精査していくことが求められると同時に、少年鑑別所の機能の限界も設定することになるだろう。子どもの「居場所」ではない少年鑑別所にとって、それはきわめて現代的な課題であり、観護が果たしてきた機能や現在果たしている機能を把握しなおすこと、そして将来のための戦略を創造的に再検討することが、求められているのではないだろうか。

（やまうち・ひろみち　法務省矯正局・前東京少年鑑別所）

＊　本稿は、二〇〇九年の臨床教育人間学会第一二回大会での口頭発表をもとに助言や指摘を受け、加筆・修正したものである。

＊＊　本稿は、あくまで私論であり、当局の公式的な見解ではない。

＊＊＊　本発表原稿において「子ども」、「少年」、「非行少年」の三つの言葉を使用している。法律上最低限必要と思われる文脈においては、「少年」を用い、それ以外は「子ども」を使用した。なお、少年法において「少年」は、「二十歳に満たない者」（第二条）とあり、女子も含め、「子ども」と同じ意味で用いている。

【注】

1　二〇〇八年の少年鑑別所への新入所人員は、一五、八〇〇人であった。また、同年の少年保護事件の家庭裁判所新規受理人員は、一九、六五〇人、少年院新入院人員は、四、〇七四人であった（法務省法務総合研究所編 2008: 151-158）。少年鑑別所への在所事由は、観護措置の他に、勾留に代わる観護措置、勾留状、引致状などがあるが、本研究においては、入所事由として最も多い観護措置を念頭に考察を進めている。なお、この新入所人員は、入所事由から移送と連戻しを除いた数である。

2　本研究において、「変容」に価値を組み込むことなく、自然・事物・他者との出会いや別れを通じた自己の境界が侵される経験によって自己が解体したり、再生したりする営み、と暫定的に「変容」を捉えておく。このため、積極的に具体化する必要もないが、少年鑑別所において、絵画の楽しみに触れてそこに自己表現を見出し、やがて、この経験を活かして彫師として社会で活躍するようになることも「変容」の帰趨といえるであろう。

3　少年保護事件の家庭裁判所新規受理人員及び少年鑑別所新入所人員の推移（法務省法務総合研究所編 2008: 151-154）。本研究においては、この一〇%の少年を非行少年と定義する。

4　社会が子どもに対して必ずしも居心地のよい場所ではないことを示唆しているのではないか。収容されたいと思って入所してくる子はいないが、しかし、社会がいつでも暖かく自分を受け入れてくれる場所でもないことをかれらは知っているのである。収容による他者との切り離しは、それ自体脅威であるが、他者自体が脅威でもあるという両義的な関係でもある。中西（2004）の第3話『普通の子ども』の『異常な行為』」参照。

5　澤登（2008: 4）を参照。また、パターナリズムの源泉は、「国親思想」に求めることができるが、日本の少年法及び少年院法においては、国親思想を明示してはおらず、現在のところ直接の拠り所とはしていない。パターナリズムの現代社会におけるあり方については、佐藤（1998）を参照。

6　少年院法第一六条には、「少年鑑別所は、少年法第一七条第一項第二号の規定により送致された者を収容するとともに……医学、心理学、教育学、社会学その他の専門的知識に基づいて、少年の資質の鑑別を行う施設とする。」と書かれている。なお、「少年法第一七条第一項第二号の規定」とは、少年鑑別所への送致を伴う観護の措置のことである。

7　ゴッフマンがあげた特徴が必ずしも当てはまらないということは、権力装置が可視的には機能していないという次元においての指摘である。だから、身体の規律化という構造、権力の内在性、装置自体を否定するものではない。但し、ここにおいても少年鑑別所は、子どもと観護職員の間に逸脱を明示して関係化することはなく、子どもの実力をさまざまに先取したとしてもそれを規律維持の手段とはしていない。フーコー（1975=1977）のとくに第3部、第2章「良き訓育の手段」参照。

8　任意性の原則とは、「本人の意に反して、特定の処遇を義務付けることは許されず、処遇の実施に当たっては、本人の自発的な意思、主体的な選択を何よりも尊重しなければならない」という趣旨であり、個別性の原則とは、「対象者の諸特性が極めて多様であり、それに応じて教育の必要性も多様であることから、集団的に一律に画一的に処遇することは許されず、それぞれのニーズに見合った処遇を個別的に、ないしは適宜の集団を編成した上で実施していくことが望まれる」ということをさす（矯正研修所編 1983: 146）。

9　施設の実情により異なるため一概にはいえないが、運動を任意で希望した場合、集団での運動参加になり、運動指導者の指示に従って他の少年の前で一緒に運動をするということ等はありうるが、室内での座る姿勢や挨拶などは、強制されて行うということはない。

10　市民講座に参加した市民が、講座中に居眠りをしたり、途中から講座に出席しなかったりした場合、学びを強いることは、「教える側の責任範囲を決定する、学ぶ側の自律性の容認度＝大人－子供に関わっている」という。広田（2002: 95）ほか。

11　田中は、「教えること」の特徴として誘発性をあげている（田中 2009: 144）。本研究では、何を学んだのかを結局のところ、「変容」

にかかわるものとして提示しているが、学びが、教師の意図の範疇から漏れること、職員だけではなく、環境としての収容によって学びが用意されている点から考察している。

12　「濃密な対面関係」は、少年院での教官と少年の関係を説明するのに用いられ、「人格相互の切り結び」の土壌となっていく。少年院と少年鑑別所の相違は既に説明したが、関係自体は、教育ではなく収容により用意された以上、少年鑑別所においてもそのまま当てはまるのと思われる。また、少年院が殆どの場合、集団処遇であるのに対して、少年鑑別所の処遇は単独であることが多く、このような関係状況からも濃密な対面関係が設定しやすい機能をもっているといえる。但し、「人格相互の切り結び」まで積極的に仕掛けることはできない（法務省矯正局編 1999: 68）。

13　田中は、「関係の冗長性」を「メタレベルのコミュニケーションにおける意味同調である、」と定義し、この機能を『ハンドルのあそび』にひとしい緩衝機能」と説明している（田中 2002: 120-121）。少年鑑別所を擬似共同体と捉えると、さまざまな場面で見出される関係性である。但し、ここにおいて注意したいことは、関係の冗長性が包絡関係とは異なるが、同情と関心により他の職員が被収容者との間に保っている隔たりを危うくするようなことになりやすい立場にも立ちうるというゴッフマンの指摘を看過してはならないだろう（ゴッフマン 1961=1984: 86-87）。

14　高橋勝（2002）の第一章、及び高橋勝（1992）を参照。

15　ゴッフマンによれば、それぞれ、被収容中に免除されていた責任を収容者は社会においては再び負う意志がないこと、そして、社会において現時点で必要とされている慣習のいくつかを喪失していることであるという（ゴッフマン 1961=1984: 75）。

16　「人の現在と未来とを呪縛するのは、この過去を本人の「現在」として、また、本人の「未来」として、執拗にその本人にさしむける他者たちのまなざしであり、他者たちの実践である（傍点は本文のもの）」。N・Nではなく、非行少年にとっての過去とは在所に他ならず、その未来をも脅かすまなざしと実践が「まなざしの地獄」である（見田 2008: 38）。

【引用文献・参考文献】

石毛博　2009「地域社会における非行予防支援機関としての少年鑑別所——鑑別による更生支援」『犯罪と非行』№158、所収。
泉俊幸　1993「観護処遇とは何か」『刑政』104 (4)、所収。
小田昇治・渡邉弘太郎　1999「観護処遇の在り方について」『矯正研修所紀要』第一四号、所収。
矯正研修所編　1983『研修教材　矯正教育学』財団法人矯正協会。
佐藤直樹　1998『増補版　大人の〈責任〉、子どもの〈責任〉』青弓社。
澤登俊雄　2008『少年法入門』第4版、有斐閣。
高橋勝　1992『子どもの自己形成空間』川島書店。

高橋勝　2002『文化変容のなかの子ども――経験・他者・関係性』東信堂。
高橋勝　2007『経験のメタモルフォーゼ』勁草書房。
田中智志　2002『他者の喪失から感受へ』勁草書房。
田中智志　2009「学ぶと教える――何のために行うのか」田中智志・今井康雄編『キーワード　現代の教育学』東京大学出版会、所収。
田中智志・今井康雄編　2009『キーワード　現代の教育学』東京大学出版会。
中西新太郎　2004『若者たちに何が起こっているのか』花伝社。
広田照幸　2002「〈教える―学ぶ〉関係の現在」『近代教育フォーラム』第一一号、所収。
法務省法務総合研究所編　2008『平成二〇年版　犯罪白書』太平印刷社。
法務省矯正局編　1999『現代の少年非行を考える』大蔵省印刷局。
見田宗介　2008『まなざしの地獄』河出書房新社。
吉村雅世　2006「場の力」『罪と罰』44(1)、所収。
ゴッフマン、E．1961＝1984　石黒毅訳『アサイラム』誠信書房。
フーコー、M．1975＝1977　田村俶訳『監獄の誕生――監視と処罰』新潮社。

5

教育的承認の多層性
――愛の関係と法の関係のあいだ――

藤井 佳世

〈概要〉

他者を承認するという人間の行為を教育という磁場で見直した場合、どのように語ることができるのか。本稿では、教育的関係において他者を承認することは、生の対等さの承認という次元を含んでいることを示す。生の対等さの承認は、愛の関係における承認や法の関係における承認とは異なる。なぜなら、生の対等さの承認は、親密な間柄にのみ発生することではなく、また、社会を構成する対等なパートナーという権利主体としての平等な関係より以前に発生するからである。すなわち、生の対等さの承認は、何もない関係において発生する。この当人が意識できないかたちで他者の目に顕になっている生の徴が承認されることは、「生きること」の同等性を承認することである。その意味で、教育的関係における大人と子どもの同等性とは、「生きること」の同等性を意味する。教育と承認をめぐる本考察は、学校という教育空間における承認の多層性と多重性、子どもの生育空間における承認のずれ、承認の空間とネット空間との親近性などを浮かびあがらせるだろう。

1 なぜ、承認を求めるのか

教育的関係において他者を承認するとはどういうことなのだろうか。誰かにほめられると単純にうれしく、ほめられることばかりする子ども。成長するにつれて、それでは、承認の欲求は満たされなくなり、ほめられることではなく、自分が為したいことをおこない認めて欲しいと思うようになる。その先は……と少し考えただけでも、承認にはいくつかの形態があることに気づく。

ところで、子どもたちは、家族のなかで、保護者の老後の面倒をみる存在として、あるいは社会的資産として捉えられるのではなく、「生きがい・喜び・希望」や「無償の愛をささげる対象」として捉えられている[1]。この見方に基づけば、現在の子どもたちは、経済的投資としてではなく、愛情や絆の結びつきにおいて捉えられ、育てられているといえるだろう。

それでは、子どもたちは、家族のなかで愛情に満たされた存在として過ごしているのだろうか。必ずしも、そうとはいえないだろう。多くの虐待に関する研究調査が示しているように、身体的虐待、ネグレクト、性的虐待、心理的虐待といった子どもの成育空間における保護者による虐待は絶えることがない。

「ある悩みごとを学校の先生に打ち明けることによって、生まれてはじめて母親以外のひとに自分自身のことを話した娘に向って母親が、こういう。〈そんなことを知らないひとにいったら、どんなに困ったことになるか、わかっているでしょう。私ほどお前を愛している者は誰もいないのよ。――私ほどお前を理解している者は誰もいないのよ〉。娘は、母親以外の世界じゅうの誰もが知らないひとであって、父親を含むこうした知らないひととのすべての関係が、危険に満ち満ちていると信じ込むようになった。ほかの誰とのきずなも信じられないと考え感じるがゆえに、娘は母親との関係を失うことができなかった。彼女は、母親とのきずなを断ち切りたいという気持ちがちょっとでも起これば、それは母親が彼女に与えたすべてのものに対する彼女の側のわがままや恩知らずの表われである、という考えを、母親と共有したのだった」(Laing 1969a=1977 : 176)。

これは、子どもが親との関係において、安住できない境地に置かれる一つの例である。子どもは、母親と共有された空想的恐怖にしばられており、混乱をひきおこしている。安住できない境地に置かれた子どもは、みずからの感情の動機や正当性をうばわれ、状況の意味を失っていく。それは、他者との関係によって世界を構築する前提を喪失することでもある。

それにしても、なぜ、このような状況にありながらも母親との関係を失うことができないのだろうか。なぜ、母親との関係を断ち切ることを自分のわがままだと捉えてしまうのだろうか[2]。このように捉えてしまう背景には、自己の存立にとって、なんらかの他者が必要である、という悲しいまでの出来事がある。相互依存という関係は、その関係を断ち切ることのできない問題の深遠さを含んでいる。すなわち、他者への依存は、存在論的安定を求める努力の一つなのである。再びレインの引用をみてみよう。

「自分を見る者が誰もいないときは、その瞬間彼女は、その人にとって自分が重要であり、ひとりの人間であると思える誰か(人生のそのときどきで父、母、夫、愛人)を魔術的に出現させ、その男または女の現存のうちなる自己を想像しようと努めなければならなかった。自分の存在がかかっているこの人物が立ち去ったり死亡したりすると、それは悲しい事件ではなく、恐怖をきたす事件なのであった」(Laing 1969b=2003 : 73-4)。

自己がこの世界に現れるためには、なんらかの他者の出現が必要とされる。たとえ、それが空想において魔術的に出現させた相手だったとしても、である。もちろん、このようにして成り立つ自己は問題を抱えている。しかし、これらのことが示しているのは、自己の存立にはなんらかの他者からの承認が必要である、ということである。たしかに、自己は、他者や環境との関係のなかで、その反応に対する反応として形成される。このことを顕著に論じているのが、ミードである。

主我（I）と客我（me）の関係から自己の形成を説明したミードの自己形成論は、主我（I）を「個人の経験のなかにある社会状況にたいして、いわば反応するなにか」であり、「個人が他者に向けての態度を想定したとき、他者が彼に向けて取った態度にたいして、個人が行なった回答」（Mead 1992 : 177=2000 : 219）と捉えている。いいかえれば、自己を形成するものとは、〈自己→他者の反応→その他者の反応に対する自己の反応〉という循環における、最後の他者の反応に対する自己の反応なのである。そのため、他者から無視されることは、自己の存在の消失につながる。たとえば、教室内でおこる子ども同士の無視について考えてみよう。無視されている子どもが、クラスにおいて物理的な場所を占めているにもかかわらず、そこに存在していないと感じるのは、自己がはたらきかけても他者からの反応がないため、自己の反応を生じさせることができず、自己が成立しない状況に置かれているからである。このような状況では、言葉をかけても返事が返ってこないため、応答することができない。そのため、このような関係において、反応する自己が形成されることはないのである。

すなわち、自己形成は、他者や環境の反応にどのように反応するかということにある。この反応は、自己自身も捉えることのできない不確定さを有している。なぜなら、他者や環境の反応がどのような反応であるか不明確であると同時に、それらに対する自己の反応もまた、本人を含めて誰にもわからないからである。その意味で、自己とは、脆弱なものである。他者への依存もまた、脆弱な自己の成り立ちを示すものといえよう。

先にとりあげた例のように、空想の他者を想定することによって自己を成立させなくてはならないまでではないにしても、子どもの成育環境において、親との承認のずれは様々なところでみられる。たとえば、子どもに将来の職業のための学業成果を求める保護者と、いま・この関係における私の存在を認めて欲しいと求める子どもとの間には、承認をめぐるずれが生じている。なぜなら、子どもは「いま・ここ」にいる私の存在承認を求めているのに対し、親は将来の職業能力を身につけることを子どもに求め、その視点から「いま」を捉えているからである。そのため、親は、「いま・ここ」にいる子どもを承認しているわけではない。その意味で、このずれは、子どもにとって承認の否定として経験されることになるだろう。

このように、子どもの成育空間において、他者による承認は自己の形成に深くかかわっている。それでは、こうした承認という視点から教育空間を構想することは可能なのだろうか。その教育空間は、何を重視するのだろうか。

2　承認の諸相

(1)　三つの承認形態

承認概念を理論の中心にすえて探究しているホネットによれば、承認という行為には、他者による承認と自己による自己の承認という二重の側面がある。ホネットは、承認の形態を、愛の関係における承認、法の関係における承認、価値共同体における承認、という三つに分けている。さらに、これら三つの承認形態とそれらの承認を否定された形態についても論じている。それでは、三つの承認形態についてみていこう。

まず、愛の関係における承認とは、親子関係や友情関係などの特別な間柄において発生する承認のことをいう。親子関係や友情関係にみられる愛の関係における自己と他者は、互いが融合した状態や共生状態にある。いいかえれば、愛の関係とは、他者とともにいる時、自己の輪郭がぼやけていてもそこにいられるような関係のことである。このような関係における承認は、情緒的な気づかいによって為されている。情緒的な気づかいによる承認とは、なんらかの対象物を承認することではなく、他者の存在そのものを承認することである。

そのため、愛の関係における承認は、他者による愛情を支えにして、自発的な時を過ごすことができるようになるといった個体の独立を可能にする、とホネットは述べる。たとえば、母子関係であれば、強い感情的な結びつきと情緒的な気づかいによって、母子の融合状態から子どもが徐々に個体として独立することをいう。また、友情関係であれば、感情的な結びつきによって、自己と他者の境界がぼやけている状態から自己の境界を引き直すことをさす。このように、他者の存在そのものを承認するという愛の関係における承認は、自立に結びつく「自己信頼（Selbstvertrauen）」という自己による自己の承認を生む。

このような愛の関係は、特別で限られた間柄における関係である。そのため、愛の関係における承認は、限定された関係において発生する承認といえる。ところが、承認という行為は、愛の関係だけに限られることではない。愛の関係とは異なる承認の形態として、ホネットは、法の関係における承認に着目している。

法の関係における承認は、他者を社会の構成者として、自己と同等な者として承認することをいう。いいかえれば、法の関係における承認とは、社会を構成する一員としてお互いを等価であると承認することである。等価であるとは、お互いを同じ法に従うことのできる合理的な人間であるとみなすことである。そのため、法の関係における承認は、互いを自己の感情から距離をとることができ、行動を制御することができる者として捉えることでもある。その意味で、法の関係における承認は、人間の普遍性の承認でもある。こうした承認は、社会のなかで、権利を認めることや、他者の発言を理解する際、発言者が誰であるかということを重視するのではなく、発言の内容を重視することに現れている。誰かの発言を発言者の帰属――たとえば、先住民族だから、子どもだから、医者だからなど――に即して理解することではなく、発言の内容そのものに対して応答することは、他者と自己の同等性を承認することとである。

したがって、法の関係における承認は、自己の発言や言葉が他者に意味をもたらす経験――たとえば発言が認められること――を通して、自己が他者に承認されていると捉えることといえる。こうした承認が、「自己尊重（Selbstachtung）」という自己による自己の承認を生む。ここでいう自己尊重とは、社会における他の構成員と同じように、自己を討議による意思形成に参加する能力をもった者とみなすことである。

ホネットによれば、承認は、愛の関係と法の関係だけに限られることではなく、職業集団などにも現れるという。職業集団とは、伝統的な共同体を意味しているのではなく、ポスト伝統的社会における、個人の選択によって創造されたなんらかの価値を共有している共同体をさす。その共同体における承認もまた、自己の形成にかかわっている。

このような価値共同体における承認は、能力をメディアとする承認である。能力をメディアとする承認とは、ある共同体において認められている価値に基づいて、他者の成果を評価することである。たとえば、誰にもできないことができることへの賞賛であったり、誰よりも早くできることや少数の者だけができることへの賞賛などがあるだろう。すなわち、ここでいう承認とは、他者の特別な能力や性質を承認することをいう。ある人物は、価値共同体において、個人の業績や能力に対する評価を得ることによって、社会的な信望（Prestige）や名誉を獲得することになる。価値評価による承認は、他の人々から自己の生き方を価値あると承認されることであり、「自己評価（Selbstschaetzung）」の感情を育む。自己評価とは、自己の業績や能力に応じて他者から承認されることによって、ある社会のなかで自己を価値あるとみなすことである。

以上の三つの承認形態に対応するかたちで、「承認されていない」と感じる否定の形態についても、ホネットは論じている。「承認されていない」と感じる場合、自己が軽んじられるという否定された感情が発生する。愛の関係において、「承認されていない」という感情は、他者のそばにいても安心することができない、という経験に現れている。このことは、周囲の環境に対する信頼や自己の身体感覚が信じられなくなる、という自己信頼の欠如でもある。これは、先にみたレインの例などがあてはまるだろう。リクールによれば、この承認の否定は、互いの存在を相互に同意している状態から退くことであり、拒絶することである、とされる。リクールの言葉をかりれば、愛の関係における承認の否定は、「共にあることの法以前的な水準における屈辱」（Ricœur 2004=2006 : 277）を自己にもたらす。

法の関係において「承認されていない」という経験は、社会のなかで、一定の権利をもつことを構造的に排除されつづけることによってもたらされる。この構造的な排除は、平等な権利をもつパートナーという位置にいない、という感情を自己にもたらす。このような感情が、自己尊重の欠如として自己の形成に大きな影響を与えている。

価値共同体の関係において「承認されていない」という経験は、他者による侮辱によって自己の生き方に自信がもてなくなったり、自分の能力に社会的な評価が与えられていないという経験として現れる。ある価値共同体において、他者から「どうしてこんなことができないのか」と責め立てられることにより、自己を意味ある存在として捉えることができなくなる場合がある。こうした経験は、自分の人生に肯定的な社会評価がなされていないと捉えることであり、自己評価の感情の低下につながるだろう。

これらの承認の形態は、言語によって確認されるわけではない。それは、他者との相互行為のうちに、あるいは、他者の反応によって確認されることである。すなわち、承認は、言葉のメッセージと異なる次元にある。たとえば、「あなたのことを承認している」ということやいわれることが、承認することにはならないだろう。むしろ、「承認されている」という経験は、自己の形成と同じように、他者の反応によってひきおこされることである。このことは、承認されていないと感じるような、自己のうちに発生する不正の感情においても同じことである。承認の否定もまた、他者の反応によってひきおこされるのである。もちろん、他者の反応の背景には、社会的な構造や価値共同体における評価の構造があり、個人に帰属させるだけでは、承認という行為を十分に捉えることはできない。その意味で、他者を承認すること、自己による自己の承認は、社会的な営みでもある。だからこそ、承認は、自己の形成に影響を与えるのである。

それでは、教育的関係における承認は、どのように捉えることができるのだろうか。職業集団に発生する教育ということを考えるならば、能力を媒介する承認に焦点を当て、能力形成について考えることもできるだろう。しかし、ここで考えたいことは、子どもの成育空間における教育である。そのため、原初的な承認と法的承認の関係について、さらに考察を深めていく必要があるだろう。なぜなら、教育という行為は、個別的な間柄に発生する場合と法の関係に基づいて為される場合があるからである。法の関係に基づく教育とは、たとえば、学校における教育である。

(2) 愛の関係における承認と法の関係における承認の違い

愛の関係における承認と法の関係における承認は、何が違うのだろうか。まず、両者の関係のありようの違いが、大きい。自己と他者、自己と環境の未分化な次元にある愛の関係では、グッツォーニによれば、空間の分かち合い（間―空間 Zwischenraum）と時間の重なり合い（間―時間 Zwischenzeit）がみられる。空間の分かち合いとは、自己と他者が互いにある空間のなかに存在するということを意味する。それに対し、時間の重なり合いとは、「普遍的時間からも、また一者と他者それぞれに固有の時間からも区別される」（Guzzoni 1982=2005：113）ような、一つの共通の時間の生起を意味している。一つの共通の時間には、二重の側面がある。それは、二人の同時的な関係という側面と互いの存在の始まりから終わりまでを含めた共通の時間という側面である。二人の同時的な関係は、「応えること」と「問うこと」という自己と他者の相互のやりとりが、自己自身へ向かうことにつながり、時間の前後という方向を消滅させる。共通の時間は、自己と他者が「互いにともにあること」という相互共在関係に現れる固有のリズムや流れであり、互いの充足を生む。愛の関係とは、こうしたともに経過する独特な時間を生む。このような愛の関係における時間について、グッツォーニは次のように述べている。

「両者が自らの向かい合う存在を展開することによって、互いに相手に向かって関係し合い、互いに相手に対して振る舞うことによって、両者それぞれの固有の時間と重なり合い、それらの時間を引き継ぎ、突破しつつ、或る新しい時間が始まる。それは、両者がその中で互いにうちとけていられるように、互いに相手に対して存在させる時間である」(Guzzoni 1982=2005 : 112)。

愛の関係において、ともに経過する時間とは、ホネットが指摘したように、互いを存在させる時間であり、「新しい時間」である。空間の分かち合いと時間の重なり合いは、自己と他者のどちらに属することでもなく、また、どちらに属することでもあるような空間を創出している。

ところで、愛の関係において、言葉は使用すればするほど、言葉によっていいつくすことのできないことがあることに気づかされる。木村敏が述べているように、「言葉で表現された『こと』と言葉では表現されなかった『こと』との喰い違いが生じる」(木村 2007: 158) のである。愛の関係のように、感情をやりとりするような空間では、とくにそうであろう。

このような感情をやりとりする空間における言葉は、承認をめぐる空間においても現れる。そこでは、音と内容の関係が密接である。このような言葉は、詩的言語に近いかもしれない。言葉の順序であれ、音であれ表現そのものがまさにそうでなくてはならないといった言葉の使用がおこなわれるのである。その意味で、承認の否定によって生まれる不正の感情の表出は、厳密な言語によって示されるのではなく、詩的言語によって表現されることもあるだろう。

それに対し、法の関係において、自己と他者のあいだに独特な時間と空間が発生することはない。そこでは、空間の分かち合いや「共通の時間」が発生するのではなく、互いの尊敬と人間の平等性による自由な空間が生じている。法の関係は、他者に対してどのような個人的感情をもっていたとしても、互いが互いに社会を構成する一員として捉えるのである。その意味で、法の関係における承認とは、個々の存在に重なる人権に関する承認である。諸権利の主体として互いを、あるいは複数の人間を承認することは、社会を構成するパートナーとして他者を捉える普遍的な時間と空間を織りなしている。

たしかに、学校という社会的な空間は、個別性よりも普遍性を重視する場所として構成されている。学校を訪れると、必ず目にする標語や子どもたちへ注意を促す校内ポスターには、「だれにでも仲良くしましょう」「困っている人をみたら、助けましょう」「あいさつをしましょう」「手を洗いましょう」と書かれている。これらは、誰が誰に行為するのか、といった主語と対象が省かれている言葉である。このように、学校は、固有名を指し示さない言葉や掲示が多い空間である。このことは、学校において、一人ひとりは、学校を構成する一員として平等な者として捉えられ承認される空間であることを示している。

ところが、それらのポスターをみて、「私は手をあらいます」「私はあいさつをします」と一人ひとりは自分のこととして捉えるのである。対象を示さないポスターが、一人ひとりの子どもたちに訴える内容となっているのである。いいかえれば、学校という空間が、ポスターの内容を、暗に、「私」へのメッセージであると思わせるのである。このように自己のこととして捉えることは、法の関係にみられる自己の責任の現れなのだろうか。あるいは、社会に参与する自己の能力の提示なのだろうか。

しかし、ここに現れていることは、法の関係における承認とずれがあるように思われる。なぜなら、「私は守ります」、「私はあいさつをします」といったように、「わたし」の空間のこととしても捉えられているからである。具体的な他者との関係ではない空間のなかで現れるこの「わたし」をどのように捉えればよいのだろうか。

このように考えていくと、学校とは不思議な空間である。なぜなら、居心地のよさをつくりだすといった個別的な関係に基づくクラスづくりを推進したり、日ごろからの教師の声がけは、あなたを気にかけているというメッセージを子どもに伝え、信頼関係を育んだりするからである。これらは、親密な関係づくりの一側面である。しかし学校は、それだけではなく、親密な関係を演出しつつも、法の関係を前提に構成されている場所である。

だからといって、学校という空間において、「誰に」という対象を明確にして、固有名を獲得すればよいということではない。問題はそんなに簡単ではないだろう。学校というしくみのなかで教師や生徒として生きている者には、ある「役割」が付随している。全くの固有名で生きることのできる空間ではないのである。このことは、カウンセリングの理論をみれば、顕著に示されている。それらの多くは、学校のなかで、一方で親密な共有する関係を築くことを推奨し、他方で役割としての自己を自覚し、他者に提示することの重要性を提唱しているからである。たしかに、校長として、学校の全員の教員に話すことを心がける、といった行為は、役割に基づく関係づくりの一つといえる。

学校に限らず、教育という行為は、そもそも、一般的な他者を対象とする内容を多く含んでいる。たとえば、「あいさつをしましょう」「困っているひとをみたら親切にしましょう」といった他者へのかかわりに関することがある。そうだとすれば、教育的関係における承認とは、法的承認のことをいうのだろうか。いや、それとも、個別的な関係における存在承認を教育的関係における承認というのだろうか。たしかに、一人ひとりの子どもたちが生きる前提になる自己信頼を育むという意味で、愛の関係における承認は、教育的関係における承認といえるだろう。だが、学校空間のように、法の関係に基づく承認もまた、教育的関係における承認なのではないだろうか。おそらく、子どもと教育をめぐる空間は、愛の関係における承認と法の関係における承認の重なりにあるといえる[3]。

それでは、教育的関係における承認は、愛の関係における承認と法の関係における承認と同じように捉えることができるのだろうか。固有名のような親密な関係における承認とも違う、法の関係における権利の主体として承認することとも違う、教育的関係における承認があるのではないだろうか。私たちが、子どもを目の前にして、他者として承認するというとき、何を本来的に承認しているのだろうか。

3　生の対等さを承認すること

ここで考えなければならないことは、愛の関係における承認とも法の関係における承認とも異なる承認の形態である。このことは、教育空間の特殊性を考えることでもある。教育的関係において、他者を承認するとはどういうことなのだろうか。あるいは、教育的関係において承認されていないと感じる時、何が否定されているのだろうか、を考えなければならない。

そのためには、おそらく法の関係と愛の関係のあいだを考えることが重要であるだろう。なぜなら、先にみたように、子どもの成育空間は、多様な承認が場面に応じて織り込まれているからである。とりわけ、学校教育は、原初的承認と法的承認の折り重なった特殊な空間である。そのため、学校という教育空間を、匿名の関係から固有の関係へ変えること、すなわち、親密な安心できる空間に変えることがよいか、といえばそうではない。それでは、法の関係における承認をさらに強めていくことがよいか、といえばそうではないだろう。それでは、教育空間における承認を、どのように考えればよいのだろうか。

ここで、重要な示唆を与えてくれるのが、リンギスによって述べられている他者の姿である。

「沼地に生えた薮と雲霧林の風の跡だけが残された彼の顔、新聞のページをうまくめくることさえおぼつかなくなるほどに土に酷使された彼の手、畑と山と一体になった彼の生皮製の靴、こうしたものが、きみに苦しみを与えたのである」(Lingis 1994=2006: 60)。

これは、国境付近で出会った警備兵について述べられた文である。ここで述べられていることは、警備兵という他者の身体がきみに苦しみを与えた、ということである。ここでいう身体とは、生きた環境や時間が刻まれており、その者の生を顕にする身体である。このような身体は、無防備で隠されることなく他者の目にさらされている。この身体は、その者が覆い隠すことのできるものではなく、むしろ生を引き受けてきたことの顕れであり、遠ざけることのできないものである。それは、個別的であることと普遍的であることのあいだにあるような何かである。

このような顕れは、言語によって示されたことではない。にもかかわらず、身体の顕れという言語化されない訴えに苦しむという応答が、為されている。身体に刻まれた時間と空間が、むき出しのまま他者の目の前に現れ、こうしたむき出しの身体が、他者に苦しみを与えるのである。

ここにおける他者との関係は、愛の関係なのだろうか。それとも法の関係なのだろうか。まず、愛の関係とよぶことはできないだろう。なぜなら、きみと警備兵のあいだには、個別的で親密な関係はないのであり、分かち合う空間も継続する時間も発生していないからである。それでは、法の関係なのだろうか。

たしかに、一人の人格的主体として認めている、という意味では、法の関係を含んでいる。しかし、それだけだろうか。むき出しの身体に苦しむという関係は、社会を構成する同等な一人として捉えているというより、法の関係を外れて、人生の経過を刻んだ身体そのものの存在に応える関係である。このような存在の関係は、法の関係における承認とは異なる次元にある。

それでは、他者の身体の顕れに苦しむという関係において、承認されていることは何であろうか。それは、生の対等さである。ここでは、自らの生の徴を刻んだ身体を認めるという、生の対等さの承認が為されているのである。いいかえれば、人生の経緯を露にしている身体が私にせまっているのが、生の対等さである。それを承認しているがゆえに、「苦しみ」が与えられるのである。しわしわの手、泥にまみれた手、黒ずんだ手は、当人の生きた道を他者の前に露にする。それらを感受することは、生の対等さという承認のありかたなのである。

生の対等さは、法の関係における同等さとは異なる。なぜなら、生の対等さの承認は、権利よりも以前に発生することであり、人格的主体として位置づけることによって発生する承認とは異なっているからである。生の対等さの承認とは、法の関係における平等性を承認することではなく、「生きること」の同等性を承認することである。

「生きること」の同等性は、役割に応じて反応することでもなく、個別的な関係において反応することでもない反応の仕方をわれわれにもたらす。リンギスによって示されたことは、生きた徴を露にする身体に苦しむという反応の仕方である。このような反応は、言葉に反応することではなく、言語を超える身体に反応することである。それは、伝えるために制作されたものに反応することではなく、当人の知らないあいだに形成され露になっている生の徴に反応することである。生の徴への反応は、他者のメッセージを有用性や意図において捉え応えることとは異なっている。生の徴への反応をもたらす他者との関係は、愛の関係でもなく法の関係でもない、「何もない関係」である。先にみたように、むき出しの身体に苦しむ者は、お互い名前も知らない誰かである。すなわち、生の対等さの承認とは、「何もない関係」において発生する承認である。

もちろん、愛の関係や法の関係、そして職業の関係においても生の対等さの承認はあるだろう。しかし、それは、愛の関係における承認が、結果として、他者の生を認めていることになる、ということである。このようにして、先にみた三つの承認は、生の対等さの承認を含む構造にもなる。

おそらく、教育的関係における大人と子どもの同等性とは、「生きること」の同等性のことをいうのだろう。このことは、教師と児童・生徒の関係においても同様である。すなわち、教育的関係において他者を承認することは、生の対等さを承認することである。互いの生の対等さを承認する教育空間は、愛の関係と法の関係のあいだに開かれる空間である。そこには、親密な間柄でないにもかかわらず、親密な間柄において発生するような個別的な反応があり、同時に、声にだす前に徴として見いだされるような露な生に反応する空間がある。その反応は、不特定のものに対して為されるのであり、「誰に」という限られた反応ではない。その意味で、学校における教育の難しさは、承認の多層性にあるといえる。

教える者と学ぶ者が出会う教育という地平では、なんらかの能力を獲得した場合でも、あるいは何かを発見した場合でも、生の対等さを承認するという同等性が確保されている。それは、お互いの無名性において反応する次元を含んでいるということである。このような生の対等さの承認が、教育の始まりなのかもしれない。

4　多層な承認の空間

もう一度確認しておこう。教える者と学ぶ者が出会う地平では、生の対等さの承認がなされている。それは、隠すことのできない生の徴を承認することであり、言語化されることのない承認である。そして、この承認の次元は、愛の関係における承認とも法の関係における承認とも異なるものである。

このことを踏まえて、再び学校という教育空間について考えてみよう。本研究で示された承認という視点からみるなら、学校における教育の難しさは、生の対等さの承認を為すことなく、愛の関係における承認、能力の承認や法の関係における承認を、他者を承認することとして捉えてしまうことにある。このことは、子どもを承認するといった場合、子どもの能力を承認することや子どもの権利を承認することとして捉えてしまうことに現れている。

先にみたように、生の対等さの承認は、文字化されたり、言語化されるようなものではない。そのため、生の対等さの承認は、確認することができない。唯一確認される可能があるのは、他者の反応による反応と否定の感情の発生によって、生の対等さの承認が損なわれていることが顕になる場合である。生の対等さは、否定の形によって、承認の有無が確認されるのである。

生の対等さの承認とは、顕れた生そのものを承認することである。教える者と学ぶ者の生は、当人が意識できないかたちで他者の目に露になっている。その生の徴を承認することが、「生きること」の同等性である。教育という行為は、「生きること」の同等性にひきおこされているのではないだろうか。

教育空間は、非常に複雑で深遠な空間であると同時に、生に彩られた空間でもある。そのため、そこにいる者は、出来事を見誤ったり、わかりやすい指標に惹かれたりすることもあるだろう。それらに惹かれるほど、教育空間は、不確かな空間なのである。生の対等さの承認もまた、他者の反応による反応によって確認されることであり、相互行為のうちに潜んでいることである。そのため、簡単に、軽んじられることもある。だが、私たちが、子どもを目の前にして、他者として承認するという時、生の対等さという言語化されない次元を承認していることを忘れるべきではないだろう。

承認の多層性と多重性を含んだ教育空間における承認の難しさの一方で、現代社会において、生の対等さを奇妙なかたちで担保している空間がある。それが、ネット空間である。なぜなら、ネット空間では、匿名の関係であるにもかかわらず、「死にたい」と誰かが書けば、別の誰かが「どうしたの」「なにかあったの」と返信する空間だからである。この応答は、特別な関係によってなされているわけではない。親密な関係でないにもかかわらず、気づかう会話が進んでいくのである。このような空間では、特定の他者と形成する情緒的な関係というよりは、法の関係に基づく人格的主体としての承認といった関係のほうが強く現れているようにみえる。いいかえれば、お互いを、その空間を構成する一員として同等なパートナーとして捉えているからこそ、ネット上のマナーに従っているのである。

ところが、先にみたように、相手が誰であるかわからないにもかかわらず、気遣い、生へ配慮する空間は、法の関係における承認というより、生の対等さにおいて「匿名の」他者を承認することに開かれている。書かれた言葉に付随する顕な生に反応する返信は、先にみたリンギスが捉えた身体への感受性に近いところがあるだろう。

ネット空間で為されていることは、匿名の他者への個別的な承認である。このことが、生の対等さの承認と同じような構造を有している。具体的な他者との関係において、承認の関係は、わずらわしさや難しさをともなうが、ネット空間では不特定の他者との関係であり、状況は異なっている。それゆえ、同じような構造をもちながらも、そこでは適度な距離が保たれ、心地よさが生まれる。ネット空間は、手軽に他者からの反応を得ることができ、時には、心配もしてくれるような無数の存在がいる空間なのである。その意味で、ネット空間において、軽やかに生の対等さの承認がなされているといえよう。軽やかにという意味は、それを目標としているのではなく、不透明さという構造ゆえに実践されている、という奇妙な現象ということである。

このような承認は、ネット空間で保証されている人と人との適度な距離が可能にする承認である。適度な距離は、匿名であること、不確定であることに由来している。相手が誰かわからないにもかかわらず、「反応し、返事をする」「人を助ける」「ある人の力になる」という関係が簡単に形成される空間は、生の対等さの承認を、簡単に為しとげる。ネット空間の心地よさは、適度な距離と一般的な気づかいが同時に為されていることにある。もちろん、こうしたネット空間における関係は、持続的であるというよりは、突然消滅することもある。その場合であっても、次なる別の匿名の他者と再び同じような関係を、簡単に築くことができる。

先に述べたように、ネット空間は生の対等さの承認と同じような構造を有している。そのため、現実における承認の否定から、承認を求めて迷いこむ場所でもある。しかし、ネット空間における承認は、自己形成にならない。なぜなら、そこでは、人生の経過を刻んだ身体そのものという存在に応えることができないからである。このことは、他者の反応による反応として自己を形成する機会を失っているともいえる。その意味で、ネット空間における承認は、先にみた承認とは異なるものとして捉える必要がある。

ネット空間を含めて、子どもの成育空間における承認をめぐる問題は、身近なところに、絶え間なく出現している。とりわけ、承認のずれや否定の感情の発生など、承認をめぐる問題は複雑である。そのなかでも、教育的関係が生じている間柄では、生の対等さの承認が潜在的に為されていることに注目する必要がある。このことは、目の前にいる他者の生そのものに触れることであり、教育をそのような営みを含んだ出来事として捉えることである。

子どもたちは、成長の過程において、傷つき、それらを抱えながら生を露呈する場面に出会う。教える者と学ぶ者の関係が生じるとき、刻まれた生を無視することのできない何かに動かされ、反応することから始まっているかもしれない。愛の関係における承認とも法の関係における承認とも異なる次元にある生の対等さの承認は、教育的関係において重要なことである。それは、目の前に現れている誰かを他者として捉え、「生きること」の同等性において承認することである。

承認という視点から教育空間を構想することは、教育的関係における「生きること」の同等性を重視することである。この生の対等さの承認とホネットによる三つの承認を教育空間は織り込んでいる。その意味で、教育空間における承認の多層性と多重性に改めて注目する必要があるだろう。

（ふじい・かよ　鎌倉女子大学）

【注】

1　「少子化に関する意識調査」（厚生労働省雇用均等・児童家庭局総務課少子化対策企画室、平成一六年）http://www.mhlw.go.jp/houdou/2004/08/h0813-2/01.html 参照。

2　レインは、その理由を本能的反応として説明している。本能的反応とは、たとえ母親の反応が子どもを不安に陥れるものだったとしても、子どもは母親への要求を途絶えさせない、というものである。本能的反応はそれ自体終わらない、とレインは述べている（Laing 1969a）。

3　もちろん、子どもと教育をめぐる空間には、価値共同体における承認、すなわち能力を承認することに関する問題もある。しかし、ここでは、子どもの成育空間における教育、あるいは自己形成にかかわる教育に焦点を当てている。能力を承認することに関する問題については、生産性や評価システムに関すること、子どもにとっての問題だけではなく親や教育者にとっての能力を承認するという問題も含んでいるため、稿を改めて論じたい。

【参考文献】

木村敏　2007『あいだ』筑摩書房。

篠原資明　1995『言の葉の交通論』五柳書院。

Agamben, Giorgio　1996　*Mezzi senza fine*. Bollati Boringhieri. = 2008 高桑和巳訳『人権の彼方に』以文社。

Guzzoni, Ute　1982　*Wendungen*, Freiburg/Muenchen: Karl Alber. = 2005 小松光彦訳『転回』慶應義塾大学出版。

Guzzoni, Ute　1985　*Veraenderndes Denken*, Freiburg/Muenchen: Karl Alber. = 2000 小松光彦訳『変革する思考』慶應義塾大学出版。

Homneth, Axel　1992　*Kampf um Anerkennung*, Frankfurt am Main : Suhrkamp. = 2003 山本啓他訳『承認をめぐる闘争』法政大学出版局。

Homneth, Axel　2000　*Das Andere der Gerechtigkeit*, Frankfurt am Main : Suhrkamp. = 2005 加藤泰史他訳『正義の他者』法政大学出版局。

Honneth, Axel　2005　*Verdinglichung*, Frankfurt am Main : Suhrkamp.
Nancy, Jean-Luc 1996 *Etre singulier pluriel*, Paris: Galilee. = 2005 加藤恵介訳『複数にして単数の存在』松籟社。
Laing, R.D. 1969a *Self and Others*, London: Tavistock Publications. = 1977 志貴春彦・笠原嘉訳『自己と他者』みすず書房。
Laing, R.D. 1969b *The Divided Self*, London: Tavistock Publications. = 2003 坂本健二・志貴春彦・笠原嘉訳『引き裂かれた自己』みすず書房。
Lingis, Alphonso 1994 *The Community of Those Who Have Nothing in Common*, Bloomington, ID: Indiana University Press. = 2006 野谷啓二訳『何も共有していない者たちの共同体』洛北出版。
Mead, G. H. 1992 *Mind, Self, and Society*, Chicago: University of Chicago Press. = 2000 河村望訳『精神・自我・社会』人間の科学社。
Ricœur, Paul 2004 *Parcours de la Reconnaissance*, Paris: Stock. = 2006 川崎惣一訳『承認の工程』法政大学出版局。

6　述語論理とケア

――「かけがえのなさ」の考察――

川久保　学

〈概要〉

ケアが前景化しない教育の場において、ケアが求められるのはなぜなのか。述語論理をめぐる問題構制をたどることで、その理由を明らかにしたい。まず、述語論理の下にケアの発端となるかけがえのなさの観念が現れることを確認する。つづいて、ライプニッツの根拠律についてのハイデガーの存在論的解釈と、ドゥルーズの生成論的解釈を比較しつつ、この観念の違いを確認する。存在論的解釈におけるかけがえのなさは、ある人の性質（属性）を述べる言葉だが、生成論的解釈におけるかけがえのなさは、ある人がだれかにとってかけがえのない人となったという出来事（特異性）をあらわす言葉である。代替不可能性としてのかけがえのなさは、述語が出来事の特異性を表現していることに由来する。看護・介護のように、ケアが必要とされる事態によってケアが必要とされる場合と違い、関心・配慮のように、事態の如何にかかわらず、ケアが必要である場合がある。前者は感応によってケアが生じる場合であるが、後者は心境によってケアが生じる場合である。生成論的解釈のかけがえのなさは、後者のケアに連なっている。それは、後者のケアの原因ではなく、それと一体である。

はじめに

教育においてケアがなぜ必要とされるのか。介護、看護、家政、保育など、明らかに問題をかかえた他者、面倒を見なければならない他者を相手にする場合とは異なり、教育は基本的にそれほど問題のない他者を相手にする。特別支援教室や保健室、相談室での対応を除けば、教育場面でのケアは決して自明ではない。日常の教室空間を支配するのはケアよりもむしろフェアであり、個別配慮的な態度よりも分け隔てのない公正な態度である。平等なまなざしが何よりも教師に求められる。ケアの教育への越境はそう簡単なことではない。にもかかわらず、なぜあえてケアが必要とされるのか。ケアが前景化しない場所において、なおもケアが求められるのはなぜなのか。哲学言説における述語論理をめぐる問題構制をたどることで、その理由を一定程度明らかにするのがこの論考のねらいである。具体的には、述語論理の下にケアの発端となるかけがえのなさの観念が現れることを確認した上で（第1節）、ライプニッツの根拠律についてのハイデガーの存在論的解釈（第2節）と、ドゥルーズの生成論的解釈（第3節）の比較検討を通して、この観念の起源がどこにあるのかを画定しつつ（第4節）、その理由を明らかにしていきたい。

1　かけがえのなさという現象

それほど問題のない他者に対するケアの特徴は、それが交換関係においてなされる際の関係性――例えば看護師と患者の関係性と、教師と生徒の関係性の差異――にあるのではなく、それが交換関係から逸脱している点にある。かけがえの手当て、身の回りの世話、悩み事の相談とは異なり、教室空間でのケアは、職能として社会的に求められているわけでも、相手が必ずしも求めているわけでもないにもかかわらずなされる。この非合理さが他のケアと大きく異なる。

サービスと対価、権利と義務、奉仕と感謝など、交換関係は合理性に基づいている。そこでは合理的な価値のみが交換される。教育におけるケアが自ずと交換関係から逸脱するのは当然ではある。では、このケアはいったいどこから発生するのか。結論を先に言えば、それは交換関係からの逸脱そのものとして、すなわち過剰として発生する。非対称的で一方的な価値に基づいたケア、こうしたケアが発生するのは、ケアする者が相手のなかに交換関係を超えた過剰な価値を認めるからである。

過剰な価値とは「かけがえのなさ」と呼ばれる一連の観念を指す。一人ひとりが個として存在することの唯一性（unicité）、そこにいる個が有する特異性（singularité）、それゆえの代替不可能性（irremplaçabilité）、とりかえしのつかなさ（irréparabilité）、これらの観念が何らの契約関係もないままにケア関係をとり結ばせるのである。

ならばこれらの過剰な観念はどこから出現するのか。かけがえのなさの観念の到来が、必ずしもケアを必要としない者に対するケアの由来だとするなら、この由来自体は何に由来するのか。もしもこの観念が不足や欠如などの必要性の観念に由来するのであれば、その由来をたどるのはたやすい。必要性は合理性そのものだからである。しかし過剰さは不必要とほぼ同義であるがゆえに、過剰な観念の起源を合理的に説明するのは難しい[1]。

よってこれらの点を解明するには、次のような迂回した検討が求められる。それは、かけがえのなさそのものではなく、いかなる場合においてかけがえのない個が出現するのかについての検討である。どのような認識の仕方において、たんなる個はかけがえのない個へと変貌を遂げるのか。以下この点について、述語論理（predicate logic）という哲学的なタームを手がかりに検討していきたい。

述語論理は、その名のとおり、述語があわせもつ論理である。正統的（オーセンティック）なアリストテレス論理で論理と言えば、主語の論理を指す。このため、述語論理はかなり風変わり（エキセントリック）なものとして扱われる。

具体的にどうエキセントリックなのか。それは以下のように説明できる。

スコラ哲学では、ものの在り方は次の二つに大別される。一つは「それは何であるか」という問いかけに対する、それが「それであること」(essence 本質)としての在り方である。もう一つは「それははたしてあるのか」という問いかけに対する、それが「そこにあること」(existence 実存)としての在り方である。

本質への問いかけは、そのみなしが正しいかどうかの判断を要請する。「石は硬い」という言述は「石は硬いものである」という判断文であり、石という主語が硬い属性をもつことの正しさの表明である。この場合、石を手にとって確かめる必要はない。石が硬い属性をもつことはカテゴリーに貯蔵(reserved)されており、予約済(reserved)の状態になっているからである。結果、どのような発話状況においても、この言述はつねに形而上的な高みからの言述たりえる。これがアリストテレス論理である。

では後者の場合はどうか。「はたしてあるのか」という問いかけは、主語のもつ属性や性質よりも、主語の安否、消息が気遣われている。「はたして机はあるのか」と問いかけるのは、そこにあるものが「机」であることよりも、そこに机が「ある」かどうかに力点が置かれている。「石は硬い」という場合には、実際に手にとって「硬さ」を確かめる。あくまで「この」石が有する特異性として硬さを問題にする。これが述語論理である。

述語論理には独特のスタイルがある。それはいわば真っ暗な部屋で(あるいは目の不自由な人が)手をまさぐりながら問いかけるようなスタイルである。あるいはそれは夜の問いかけとも言ってもよい。夜の闇のなかでは見るのではなく、ただ聴きとらなければならない。そこでは昼間の視覚は退場し、より繊細な聴覚や触覚に取って代わられる。これらの感覚においてすべてのものは明示されずに暗示される。メルロ＝ポンティは、こうした暗示による夜の問いかけを次のように言い表している。

「これは夜起こることである。夜は私の前にある対象ではない。夜は私を包む。夜自身が私に触れるのであり、叫びや遠くの光でさえただ漠然と夜に住まうにすぎない。神経症患者が夜感ずる不安は、夜がわれわれの偶然性を、つまり必ずしも事物を見い出せる保証もなしに、おのれを超えて事物のなかに投錨しようと試みるあの運動を、われわれに如実に感じ取らせるところから来る。ある患者は氷のように冷たい一陣の風と栗の匂いと雨の冷たさとを感じる。彼はいう、恐らくまさにこの瞬間に、私と同じように暗示にかかっている一人のひとが、雨のなか焼栗屋の前を通過していたのだろう」[2]。

述語論理はこのように暗示で返される。「ところで机と言えば、あの机はいったいどうなっているのだろうか」と、目の前にはいない存在者の安否を気遣っている。正誤・真偽のほどはさておき、彼らのことを話題（トピックス）にする。存在者の動向を平凡な些事（トピカ）とみなすアリストテレス論理からすれば、なるほどこうした情にほだされる裁判官のようなふるまいはエキセントリックに映る[3]。

以上が述語論理のエキセントリックさのあらましである。ここからわかることは、述語論理がケアの論理に相当するということである。アリストテレス論理がフェア（正しさ）の観点からものを見るのに対して、述語論理は気がかり、関心、配慮などの情態において対象とかかわる。情態的なかかわり方には、その存在者への執着がある。この執着は、相手が格段求められているわけでもないのに発生する。ここにおいて出現しているのが、過剰な観念としてのケア、すなわち「かけがえのなさ」である。

かけがえのなさは、繫辞（〜である）を述語動詞（〜はある）へと変容させる。ひとまずそう言うことができる。とはいえ、これで問題が解明されたわけではない。この説明は、かけがえのなさを現象として記述したにすぎないからである。依然としてかけがえのなさがいかなる仕方で生起するのかが不明のままである。この点を明らかにするためには、先述のとおり、かけがえのない個が生起する場面についての検討が必要になる。われわれは次に、個について謳った公理に対する対照的な二つの解釈の比較検討を通して、その場面を抽出したいと思う。

2　個に根拠はない（ハイデガー）

個について述べた公理として有名なものが、ライプニッツの「根拠律」(Der Satz vom Grund あるいは「充足理由律」Le principe de la raison suffisante) である。根拠律とは次のことを言う。「Nihil est sine ratione」(いかなるものも根拠なしにあるのではない)。あらゆる事物は他と識別できる「なにか」をもっており、この「なにか」がその事物のもつ根拠である。ヘレンハウゼン城館の広大な庭園の落ち葉をくまなく鑑定しても、全く同じ形状をした葉は一組も見当たらなかった[4]。このように、あらゆる事物は個として、すなわちモナドとして他と区別可能な状態で、文字どおり比類のない仕方で存在する。神は存在するものを最大限に差異化しつつ、しかもそれぞれが識別可能なようにとりはからっている。識別できないとなると、神は事物化に失敗したことになる。そういうことはありえないというのが、この公理の意味するところである。

ところがこの公理は、近代合理主義において、対象は必ず根拠をもち、その根拠を明るみに出すこと(=根拠づけること)が理性の使命であるというふうに曲解されることになった。ハイデガーがその著『根拠律』において批判するのは、そうした主知主義的な解釈である。

ハイデガーはどのように主知主義的解釈を批判するのか。批判の要点は、理性(ratio)と根拠(ratio)の同一視にある。理性の活動たる思考はものごとを根拠づけるところの根拠であるとされる。しかしそれは根拠がない。ハイデガーは根拠律が根拠を置くところの根拠を問いただす。具体的に着目するのは根拠律の巧妙な修辞装置が作り出すその音響性である。

「根拠の本質について一体何が言われているのか。この問いに対する答えはただわれわれが根拠の命題を聴く場合にのみ、われわれに成り出てくるであろう。そのためには、その命題が語っている音調に注意することが必要である。すなわちこの命題は二つの相異なる音響性において響いている」[5]。

根拠律の「読解」は確かに根拠律の有根拠性を支持するだろう。なぜならそれは根拠律を「読む」からである。黙読において脳裏に鳴り響く「二つの相異なる音響性」、すなわち「est」と「ratio」の諧和音は、「いかなるものも根拠なしにあるのではない／Nihil est sine ratione」という読解を促すことによって根拠の到来を告げている。しかしそこで聴いているのは、「調律」された音調に他ならない、とハイデガーは言う。

存在者は表象（représentation）されて現れる。そのままで現前するのではなく、思考を経由した上で再―現前化（re-présentation）する。理性（ratio）の活動を経由する過程で、存在者には根拠（ratio）が添加され、根拠のある存在者になる。ましてや黙読という純粋な思考行為においてはなおさらである[6]。「根拠」と「ある」という本来別個の事柄は、「根拠はある」という形で結合し、根拠の有根拠性を形成する。

こうした「調律」を施す首謀者は誰なのか。何かが「根拠」と「ある」を結合させ、両者が真理の高みに駆け上がることを可能ならしめている。ハイデガーは、この何かが「繫辞」（コプラ）であると断定する。「ある」（ist）は主辞と賓辞をつなぐ機能を果たすと同時に、両者の関係を普遍化する機能をもあわせもつ。「ある」（ist）がそうした機能をあわせもつのは、それが存在（Sein）とつながっているからである。存在が繫辞として主辞と賓辞の間に介入することによって、両者の関係は一挙に真理の閾値に達する[7]。しかし、「いかなるものも根拠なしにあるのではない／Nihil est sine ratione」と表現されることによって、介入は隠蔽されている、とハイデガーは言う。

ではこの命題を、黙読ではなく、ごくふつうのアクセントで言ったとしたらどうだろうか。二重否定という巧妙な修辞装置の下に根拠を際立たせ、かつ繫辞の機能を隠蔽したこの命題を、装置を外して通常文に戻すとどうなるだろうか。その場合、この命題は「すべての存在者は根拠をともなって存在する」という言い方になるだろう。これは存在の現象の仕方を述べている。存在は存在者として現れる。その際の現れ方が根拠的（grundhaft）だということである。存在は思考を経由し、根拠をともなった存在者（gründendes）としてしか現象しない。そのためにあたかも存在者はみな根拠をもっているかのように見える。つまり、存在者に根拠を与えているのは思考ではなく存在なのである。

「根拠の命題は次のことを言っている。存在には根拠というものが属している。存在は根拠という性格を有し、根拠的にある（Das Sein ist grundartig, grundhaft）。存在は根拠的にあるという命題は、存在者は根拠をもっているという陳述とは全く別のことを言っている。『存在は根拠的にある』とは、存在者は根拠をもっている（Das Seiende hat einen Grund）ということと言っているのではなく、『存在は根拠をともなった存在者として現れる』（Sein west in sich als gründendes）ということを言っている」[8]。

以上がハイデガーによる根拠律の主知主義的解釈批判のあらましである。ハイデガーにとって思考の優位は存在の頽落であり、存在の失地回復が彼の存在論のテーマであった。この解釈のねらいも、「ある」（ist）に残滓を留めているにすぎない「存在」（Sein）を、根拠づける者（=根拠の根拠）の座に復帰させることにあった。確かに存在と存在者の存在論的差異を際立たせた解釈において、自らを固有な（eigen）ものにさせる（er）存在の真理（Er-eignis）が語られることにより、存在は根拠の贈与者となるだろう。

ではこの場合、存在者はどのように位置づけられることになるのだろうか。存在が根拠づけているとした場合、根拠づけられるところの個はどのように扱われることになるのだろうか。

この点について、ハイデガーは『存在と時間』で多くのページを割いている（第4章27節、第5章38節、第6章39－42節）。そこでは存在者の存在様態は本来性（Eigentlichkeit）からの逸脱として語られる。生活世界においては、「もの」とのかかわり（Besorgen）にせよ、「ひと」とのかかわり（Fürsorge）にせよ、存在者の存在が問題になることはない。ケア（Sorge）は何かに役立つ限りでの配視にすぎない。こうしたなかで、本来的な在り方に復帰する契機となるのが、自己の有限性の自覚を通して現れる根本気分としての不安である。世界との交渉をいったん中止したとき、世界は不気味なもの（Unheimlichkeit）として立ち現れる。そのとき、自分が帰る家を失っていること（Un-zuhause）、すなわち故郷喪失者であることに気付く。と同時に、存在という故郷に還るべき本来の自己に気付く。

存在は存在者としてしか現れないために、存在者は自らが根拠であるかのように思い込んでいる。ハイデガーによれば、そうした思い込みは西洋的思考の歴史的運命であって、それは実存的（ontisch）な次元に留まらず、存在論的（ontologisch）な次元にも及んでいる。実存の情態として明らかにされた故郷喪失は、存在論的には、存在ではなく存在者に根拠を与える根拠律の解釈の仕方に現れていた。だがはたして個には根拠がないこと、故郷に還るためには、まずもってこのことを自覚する必要があるというのがハイデガーの主張であった。

3　根拠は個にある（ドゥルーズ）

次にわれわれはハイデガーのそれとは正反対の根拠律の解釈を取り上げる。ドゥルーズの解釈がそれである。彼が『襞——ライプニッツとバロック』において根拠律に見出すものは、存在ではなく差異の公理であり、ものごとがある（être）ことではなく、生起する（s'ensuivre）世界である。そこでは根拠は個にある。

ドゥルーズはライプニッツ本人について、「彼のバロック的特性は際立っている、その緊張はほとんど分裂症的なものだ」（PL46/59）と評した上で、根拠律を次のように解釈する。

「すべてが理由をもっている（Tout a une raison）。この通俗的な言い方は既に公理の含む感嘆のニュアンス、公理と叫びの一致、とりわけ「理性」の叫びを暗示している。公理は一つの物に起きるあらゆることが一つの理由をもつことを要求するのである」(PL55/71)。

このバロックの体現者は、現実の物質的世界をいびつな真珠(バロック)のように歪んだものとして表現するかと思えば、魂の高揚(エルヴァシオン)のなかで神の栄光を高らかと歌い上げる。異様な分裂を示す二つの傾向、差異に対する過剰な知覚と普遍に対する過剰な志向、こうした分裂した傾向を統合した際の「感嘆のニュアンス」が根拠律である。ドゥルーズはこの公理を、分裂症者が分裂世界と折り合いをつけたときの感嘆文とみなす。

ではライプニッツはどのように折り合いをつけるのか。知覚における事物の多様性と魂の普遍を統合するには、まずもって理由(根拠)がなければならない。理由があれば事物と普遍は出会える。そして理由は出来事としてすでに事物に表されている。これが根拠律に込められた感嘆のニュアンスである。

自明的な世界に身を置く限り、「石は硬い」ことを出来事などとはふつう思わない。しかしそれは蓋然的事実として石が硬いからにすぎない。ライプニッツの「可能的世界」(mundus possibilis)では、柔らかい石や浮遊する石など、さまざまな形状の石がありうる。石の硬さが「出来事」であるのは、石が無数の選択肢から「硬さ」を選んで現実世界に出現したからである。硬さは石の表現であり、硬さに表現されているのは石が実在化した理由である。

ドゥルーズはライプニッツがふだんから可能的世界と現実世界とのはざまで世界を見ていたはずだとみなす。でなければ「なぜ事物はこういうふうに実在しなければならないのか、別様であってはいけないのか」という有名な、かつ分裂症的な問いは問われなかったはずであると言う。その上でライプニッツの主著『形而上学叙説』になにげなく添えられている副題に注目する。この副題は事物と普遍の出会いをどこに見出すのかを明らかにしている。

「『述語あるいは出来事』《Les prédicats ou événements》とライプニッツは言っている。われわれは物の出来事から観念の述語に移るように、あるいは「見ること」から「読むこと」に移るように、物に関して見えるものをその概念あるいは観念の中に読むのである」(PL55/71)。

ライプニッツは出来事を述語に見出す。述語は事物が実在化したこと、すなわち出来事を示している。「石」という主語にはその存在者の実在の事実が、「硬い」という述語にはその存在者が実在化した理由が述べられている。個(石)と普遍(硬い)は主語と述語の関係として出会う。「見ること」としての出来事は、「読むこと」としての述語に再現される。

形而上学的に言えば、以上は「普遍は個に宿る」という主張である。普遍は個の数だけある。普遍はモナドとして、モナドは普遍的な完備概念として実在する。概念は形而下的な個物に宿り、個物は形而上的な概念を宿している。ドゥルーズがライプニッツの哲学に見出した最大の独創性は、こうした「実在的で形而上学的な結合」(unio realis metaphysica)にあった。根拠律は畢竟このことを言い表しているとドゥルーズは言う[9]。

「充分な理由は『あらゆるものは概念をもつ!』(Tout a un concept!)というふうに表明される。(中略)概念とは単なる論理的存在ではなく、形而上学的存在なのである。概念は一般性でも普遍性でもなく、一つの個体なのである」(PL55/72)。

形而上学は普遍性にかかわる概念と特殊性にかかわる個物を区別してきた。普遍論争に見られるがごとく、概念が普遍の「一」に、個物が現実世界の「多」に属することは、議論の争点ではなく前提であった。これに対してライプニッツは個物が「一」を有するとみなす。個物は普遍の「一」が展開したところの「一つ」ではない。個物は無数の選択肢のなかから「一つ」の述語を選び出して実在化したところの「一」であり普遍性を有する。実在化はそれ自体が普遍化であって、普遍は天上の頂から階段状に流出するではなく、可能的・潜在的世界から現実世界へと浮上することを言う。

論理学的に言えば、以上は述語は主語の属性ではないという主張である。ドゥルーズは次のように言う。

「ライプニッツは主語―繋辞―属詞という帰属の図式をよく知っている。私は書くものである、私は旅するものである。主語―動詞―補語の図式に基づくライプニッツの包摂、これは古代から帰属の図式に抵抗してきたものである。ここには一つのバロック的文法があり、述語は何よりもまず関係であり出来事であって属性ではない。述語とは『旅の実現』であり、旅するものの状態ではないのだ」(PL71/91)。

ライプニッツは「古代から帰属の図式」、すなわちアリストテレス論理に抵抗する。この論理では述語は最初から主語の傘下に入っている。「私は旅をする」(je voyage) と言うとき、私は旅をすることを内包している。述語が主語の本質を表すために、「私は旅をするものである」(je suis voyageant) ことになり、私はあたかも旅人であるかのようなことになる。そうではなく、「私は旅をする」のは、家に居て本を読んだり、街に出て友人と飲むなど、多様な選択肢のなかから、旅をすることが現実化 (actualisation) したことを表す。つまり「私は旅をする」のは「旅の実現」(exécution du voyage) を言い表している。「石は硬い」場合も、帰属の図式では硬さは石の性質を表すのに対して、バロック的文法では硬さは石がさまざまに実現しうる可能性の中からそれを選んだことを表す。柔らかさではなく硬さにおいて石が実在化 (réalisation) したことを言い表している。

ライプニッツ的世界は上記のような形而上学的、論理学的特徴をもつ。では、つまるところこの世界はどういう様相を呈しているのか。それは個が世界に出現したことを差異において表現している世界であり、個が自らを差異化しつつ生起する世界である。そこに落ちている二枚の葉が同一のものであったとしたら、これら二枚の葉はそれぞれ自らを表現していないことになる。そうした他のものと違いがなく（indifferentia）、自らの差異化に無関心（indifferentia）な個が存在するなどということはありえない。実在化とは差異化に他ならず、差異化こそが実在する理由（根拠）だからである。

いかなる個もそこにある以上それなりの理由や根拠をもっている。それがそこにあるということは、その事実だけでそれが充分な理由（la raison suffisante）をもつことを示している。ドゥルーズが根拠律から抽出するのは「根拠は個にある」というテーゼである。これは言うまでもなくモナドロジーの主張であり、ひいてはドゥルーズ本人のノマドロジーの主張でもある。個は完全に自律的な存在者であって、それは存在に規定されることはない。それどころか逆に存在を規定する。個のもつ自律性は存在と存在者の存在論的布置を逆転させる。ドゥルーズは次のように述べる。

「ホメロス的な社会は、囲い地も、牧草地の所有も知らない。重要なのは、土地を家畜たちに配分することではなく、逆に、家畜たちそのものを、森や山腹といった境界のない空間のあちこちに配分すること、割り振ることである」（DR388/455）。

ノマドが遊牧生活を送るのは、世界が存在の秩序に覆われる以前のギリシア社会である。そこでは土地（＝存在）が家畜たち（＝存在者）に配分されるのではなく、逆にその家畜がいる場所がその家畜の土地である。ノマド的構図では存在者が存在を選びとる。存在論的差異における存在の優位を主張する立場からすると、これは存在論的転倒を示す典型的な非本来性（Uneigentlichkeit）の世界であり、故郷喪失に至る道程である。しかし遊牧民からしてみれば、そうした非難はまるで的外れである。それは定住生活者のノスタルジーにすぎない。移動生活を営む者には、ここが自分の所有地（territoire）だという観念はなく、そもそも帰るべき故郷がないからである[10]。

4　かけがえのなさの発生

「すべてが理由をもっている」(Tout a une raison) という公理にこめられた「感嘆のニュアンス」は、あらゆる個が差異をもつ事実に向けられていた。しかしながら、たんに差異をもつことだけにライプニッツは感嘆しているわけではない。真の感嘆は、差異が同一性の枠組のなかで実現している事実に対するものである。ライプニッツは「葉はどれもこれもみな同じように見える」という「同定化」をふまえた上で驚いているのであって、葉が木の幹や根っこと違うことに驚いているわけではない。一見、同じように見える葉が一組として同一ではないこと、葉は「葉」として同定されていながらも、それぞれの葉は差異を有していることが驚きなのである。この点をドゥルーズは「きわめて重要なこと」だと述べている。

「きわめて重要なことは、概念の諸契機としての諸述語は、それら述語が帰属する主語のなかで保存され有効になることである。規定としての述語は、概念においては固定されたままでありながら、事物においては他なるものに生成する」(DR21/34)。

もしも前もって同定化がなされなければ、差異はカオスの広がりのなかに拡散してしまうだろう。「葉」という同一性の枠組がなければ、この葉とあの葉の識別自体ができなくなり、世界は無限に差異化され分裂症の症状を呈する。差異は概念として同定化される必要がある。述語は主語のなかに「保存され有効となる」(se conservent et ont un effet)。その上で、述語は主語においては固定されたままでありながら「事物においては他なるものに生成する」(tout en devenant autre dans la chose)。「葉がある」ということは、その葉がいったん「葉」という概念に回収された上で、その葉はどの葉とも違う仕方で「ある」ことを、すなわち生成することを表している。

これがもし「後から」同定化が行われるとしたらどうだろうか。この葉もあの葉も要するに「葉」であるという風に、差異を同一性の枠組に押し込めていくとしたら、いったいどういった世界が現出することになるだろうか。結論を先に言えば、そこに現れるのは生成論的世界とは正反対の存在論的世界である。

存在論的世界では、差異は「同じものの欠如」を意味する。そこでは個は、その同一性の度合が増すにつれて存在の階梯が上がる。「ピエール」は「ヒト」に、「ヒト」は「動物」に、「動物」は「生物」に、「生物」は「存在」へと回収されていく。個は自らの差異性の角を落して他と見分けがつかなくなることを、積分化され「一」の同一性へと収斂されていくことを目指す。先ほどのハイデガーの主張はこうした世界観に基づいていた。この場合、「ピエール」は一人のヒトの「名」にすぎず、「ヒト」は「動物」に属する存在者の名称にすぎない。実在するのは完全なる同一性を兼ね備えた「存在」のみである。

これに対して生成論的世界では、差異は「個の生成」を表す。実在化は「一」から「多」へ展開する。「存在」は「物」や「生物」に、「生物」は「動物」や「植物」に、「動物」は「ヒト」や「ウマ」に、「ヒト」は「ピエール」や「ポール」など他なるものに生成する。差異化の運動は「存在」から始まって次第に微分化されていき、最後に「石」や「ピエール」などの具体に達する。この場合、「ピエールはヒトである」というのは、「このヒトはピエールである」ということであって、そこでは「ヒトは存在するものである」ゆえに「ピエールは存在するものである」という例の三段論法は通用しない。「このヒトはピエールである」というのは、「ヒト」が「ピエール」として個別化・実在化したことを表しているからである。

もはやこれ以上の説明は要しないであろう。存在論的世界での世界の構築の仕方はアリストテレス論理に基づいており、生成論的世界での世界の構築の仕方は述語論理に基づいている。述語論理は生成する世界の論理であり、それは存在あるいは自同性へと回収されない差異の論理である。「私は旅をする」ことは、アリストテレス論理では主語の特徴（旅人）であったのに対し、述語論理では主語たる私の自同性の論理からはみ出す述語の運動を表す（旅の実現）。そこでは出来事性（差異性）が自同性（同一性）を上まわる。

こうした自同性を上回る出来事性、すなわち「事物においては他なるものに生成する」ことが意味するのは、以下の事実である。それは、すべての事物・事象は個としての特異性と出来事の一回性を有しており、その限りにおいて代替不可能であること、すなわち、述語的世界において「かけがえのなさ」が発生するという事実である。赤く塗った壁はもはや青くあることはできない。ゆえにその壁の赤さには「かけがえのなさ」が発生している。

存在論的世界においては、「その壁は赤い」ということは、その壁の性質を述べたに留まる。だが、述語的世界においては、その壁の赤さは赤く「なった」という出来事を、「赤さ」はその壁の特異性を言い表している。正確に言えば、特異性とは出来事の反復であって、その壁の赤さは、赤くなったという一回限りの出来事を絶えず反復している[11]。

個が個であることの比類のなさ、代替不可能性としての「かけがえのなさ」は、このように述語が出来事の一回性の反復としての特異性を表現していることに由来する。特異性（singularité）は、モナドとして個が単独（singular）であるがゆえのユニークさであり、一般的なものの部分(part)としてのたんなる特殊性(particularité)ではない。であれば、次のことが言えるだろう。それは「かけがえのなさ」とは「不共可能性」(incompossibilité) に他ならないということである。赤い壁は青くあることはできない。ピエールがポールであることはできない。友人と街で飲みつつ旅に出ることはできない。さまざまな可能性のなかから事物や事象は選ばれて、今こうして実在化・現勢化している。それらはただの一回限りの出来事である。したがってそれはとりかえしがつかない（irréparable)。

ドゥルーズは「ライプニッツに特有なのは、可能世界の間に非常に独創的な関係を提案したことである」として、この不共可能性こそが、「なぜ事物はこういうふうに実在しなければならないのか、別様であってはいけないのか」という分裂症的な問いに対する回答とみなす。

「無数の可能世界を設けることによって、ライプニッツはわれわれの相対世界を、他の可能世界を排除して実在する唯一の世界としている。なぜならそれは相対的に『最良』だからである。神はたがいに不共可能的な無数の可能世界から選択し、最良の世界を選択する。最良の原理は原理の問題をもう一度提起する。なぜならそれは、世界に対する『充分な理由』の最初の適用だからである」(PL80/105)。

もし赤い壁が青くあることもできれば問題はない。確かに青い壁も、黄色い壁も可能性としてはありえただろう。しかし、現実のこの世界では、すべてのものが自らの根拠をともなって出現した以上、その壁が赤いのは、最良(le meilleur)の選択であった。ライプニッツはこのようにして個がかけがえのないものであることを立証しつつ、「なぜ事物はこういうふうに実在しなければならないのか」という分裂症的な問いを克服する。その事物はそういうふうに実在しなければならなかった。それが充分な理由(la raison suffisante)をもつがゆえに、赤い壁は青くあることはできなかった。このできなさこそがかけがえのなさの発生場面なのである[12]。

おわりに

ふつうわれわれはケアが必要とされるとみなされる事態に至って、初めてケアについて考える。痛がっているとか、何かに悩んでいる風であるとか、学校に行きたがらないとか、何らかの具体的な場面を待ってケアが取沙汰される。だとしたら、そうした場面がない状態において、ケアは不要だということになるのだろうか。ケアリングが必要とされる程度の事態が生じていなければ、ケアは発生していないとみなされるのだろうか。もちろんそうではない。なぜなら、ケアはケアされる側の問題である以前に、まずもってケアをする側の問題だからである。

ケアには、ケア的な場面においてその対応として「もたらされる」ケアと、ケア的な場面自体を「もたらす」ケアとがある。看護、介護、世話は前者であり、関心、配慮、心配は後者である。前者は事象に感応して事後的にケアが出現するのに対し、後者は心境が事象に先立っている。本稿では後者を「かけがえのなさ」として検討した。

もちろん前者においてもかけがえのなさは発生している。違いは、前者ではかけがえのなさをケアの理由にできるのに対して、後者ではできない点にある。後者ではかけがえのなさはケアの理由ではなく、それ自体である。もたらされるケアがかけがえがないからそうするのに対して、もたらすケアはそれ自体がかけがえのなさである。この論考で検討したのは、もたらすケアがどのようにしてもたらされるのか、すなわち、かけがえのなさという観念(idée)がどのように到来するのかに関してであった。

このようにケアについて言及したのには理由がある。それは、学校におけるケアの議論が、もたらされる議論に終始していることである。そこでは、そもそもなぜかけがえがないのかは不問に付されたまま、ともかくかけがえがないからケアがなされる[13]。この場合、繰り返すように、ケア場面が出現しない限り、そこにいる者がかけがえのない者ではなくなる。もたらされる議論に終始すること、かけがえのなさを理由にすることは、ケア的な場面がもともと顕在化しにくい場所においてはケアの不在を招くことになる。

学校においてケアが不在であること、正確に言えば、学校がケアの不在を理想としていることは、ケアマネジメント、リスクマネジメントと称する学校言説群が証明している。そこではケアはリスクに対するものとして位置づけられている。子どもたちが安心して学校生活を送れること、セキュリティ(se＋cura＝ケアがないこと)がケアの理想とみなされる。かけがえがないからケアがなされるがゆえに、かけがえのなさそのものに向けられた心配は心配事となり、それはかけがえのないもの(子ども)そのものではなく、かけがえのないものをおびやかすもの(不審者や事故など)に向けられる。心配ではなく逆に安心がケアになる。

ケアの発生場面を確認したのは、上記の転倒した学校のケア観に対して、学校におけるケアが、あくまでも子どもをかけがえがないものとみなすまなざしとしてあることを再確認したいがためであった。子どもをかけがえのないものとみなすことは、ケア場面をなるだけ現出させないように努めることではなく、むしろケア場面を観念として絶えず現出させることである。これが教師のケアの在り方であって、そうした過剰なまなざしこそが交換関係から逸脱すべくして逸脱する教育の栄光なのである。

（かわくぼ・まなぶ　東京学芸大学連合大学院／県立小田原高校教諭）

【注】

1　非合理的なものを合理的に説明することはできない。できたとすれば、それはもともと非合理的なものではない。不在の証明と同じく、そこにあるのは論理の袋小路（アビーム）である。バタイユが交換関係を超えた過剰な部分を、呪われた（maudite）と形容するのはこの点を指す。かけがえのなさを合理的に説明しようとすれば、それはいきおい対称性あるいは互酬性に基づく関係性を前提にしなくてはならない。しかしそのときすでにかけがえのなさの観念は失われ、例えば義務やコンプライアンスのようなものに取って代わられる。矢野智司はこの点について次のように述べている。「人間に直接かかわる実践には、交換の均衡を超えた出来事が生起しているにもかかわらず、理論の方は根深い均衡を求める交換の思考法に規定されているために、その出来事をうまく捉え切れていないのではないか。そしてそのためそれらの事象の理解を歪めるばかりか、そのような領域で働く人々の職業倫理をも不十分なものにしているのではないか」（矢野 2004: 28）。

2　メルロ＝ポンティ（1974: 119-122）.

3　述語論理のもつエキセントリックさの説明として、この論理にまとわりつく奇妙な挫折感・喪失感をあげることができる。中沢新一はこの感情について、それは主語もしくは自我によって一つの秩序が形作られたために、「否定され敗北を喫して、述語面という世界の背景に退いたもの」に対する深い共感であろうと述べている（中沢 2006: 155）。述語論理は、世界の背景に退いたものの後を追うように「無限後退」していき、いつのまにか「日常の判断の世界を抜け出てしまう」。しかしながら、この世界の背景に退いたものが何なのかはわからない。「それは『なにか』としか言いようがないものである」と中沢は言う（中沢 2001: 188）。この失われた根源的な何かが、抗しがたい力をもって私に働きかける。けれども、それはもはや失われてしまったばかりでなく、最初から（欠如＝欲望のフロイト的主体ゆえに）「不可能としてつくりあげられている」と中沢はみなす。この事実にともなう「根源的な喪失の感情」（中沢 2001: 190）が、人をしてエキセントリックな方向に動かすのである。

4　ライプニッツ（1989: 301）。

5 ハイデガー（1962: 82）。

6 黙読するとき、われわれは頭のなかで言いつつ自分でそれを聴いている。当然聴くことは言うことよりもほんの少し遅れているのだが、その差異＝遅延（differance・綴りが**a**のディフェランス）は自覚されない。それどころか、この「自らの声を聴く」ことには明らかなアクチュアリティ（現実味）が感じられる。デリダはその原因を、リアルでなくなればなくなるほどイデアルになるプラトニズムに見出す。リアリティ（現実性）に対応したものではなく、逆にリアリティがないゆえのアクチュアリティである。「声」は文字言語のように質料をともなわず、さらに黙読は発声すらしない。音声中心主義に加えて、「言われていること」の現前性に価値を置くロゴス中心主義が合体し、黙読、すなわち思考の特権的地位が築かれたとデリダは分析する。デリダ（1978）を参照。

7 デリダはこうした繋辞の機能を「代補」と呼ぶ。現実世界から乖離した言語世界は存在からも乖離している。したがって言説の真理機能は構造的に存在の欠如という欠陥をはらんでいる。そのため何か存在の「代わり」のものを「補う」必要が出てくる。それが繋辞である。判断文において繋辞が存在の現前性の欠如を補う。「石」、「硬い」、だけでは判断ではない。「石は硬い」、すなわち石は硬いもの「である」と言うことでそれは真理の言説となりうる。存在を頂点としたヒエラルヒーによって裏付けられた真理判断機能は、実際には繋辞が代補している。ここには存在の現前が、その代理によって支えられているというトートロジーがある。デリダ（1981）を参照。

8 ハイデガー（1962: 101）。

9 「個に宿る普遍」は形而上学の基本秩序を紊乱する。集合概念（普遍）が構成概念（個）のなかに紛れ込むことで、集合概念は特権的な地位を占めるに至る（クラスとメンバーの混同）。それは動物園にある日「動物」という檻が登場したようなものである。「動物」という動物は、他のキリンや象たちに対して特権的な地位を占めるようになる。なぜなら、その「動物」は動物園にいるさまざまな動物たち（メンバー）すべてに該当するとともに、動物たちすべての総称（クラス）だからである（柄谷他 1993 を参照）。一方、ドゥルーズは、「普遍的動物という理念としての即自的「動物」というものは存在するのだろうか」（DR278/325）とその出現を夢想する。

10 ハイデガーが存在の存在論的優越を言うときに好んで使用する「故郷の大地への帰還」の隠喩は、ドゥルーズからすると、失った自分の所有地（territoire）を取り戻すというたんなる取り戻し（再所有）の物語にすぎない。一方、リゾーム状に彷徨するノマドの前後に広がるのは、ただただ「存在」の全き空間のみである。ドゥルーズは「この厳格な教授はおそらくみかけよりもさらに発狂していたのであろう」と評した上で、次のように言う。「ハイデガーは再所有地化（reterritorialiation）のもろもろの道のなかで迷ったのである。なぜなら、それらの道には標識も柵もないからである」（QP104/157）。

11 特異性（singularité）は出来事の一回性の絶えざる反復であって、それは一回性という反復不可能なものの反復というパラドックス以外の何物でもないとして、ドゥルーズは「祝祭」を例にあげる。「バスティーユ攻略を祝うのが連盟祭なのではなく、バスティーユ攻略が連盟祭を前もって祝っているのである」（DR8/20）。差異は裸のままでは一回性の下で消滅していくのに対し、特異性は概念（主語）の同一性の運動のなかに身を置くことによって保存される。概念（主語）も当然この概念を同一化の方向へと向かわせようとするが、この概念が反復に身を包んでいるために、すなわち差異として同一化されているためにどうすることもできない。特異性は、このように「着衣の反復（répétition vêtue）」、「同一性のなかで偽装された差異（la différence se déguisant dans ce même）」としてある（DR370/429）。

12　鷲田清一は木村敏の用いるリアリティとアクチュアリティ、アルとイルについて次のように言う。アクチュアルな自己を生きているという実感は、自分がたまたまこの自分であったということではなく、この自分は代替不可能な単独の実存として世界のなかに居場所をもっている自覚、つまり「イル」という実感であり、この「イル」を「アル」として、自分をアクチュアリティではなくリアリティとして意識する傾向をもつ人が分裂症と呼ばれる、と。つまり「アル」とは、「非実存的存在者の存在規定として、人間がこの世界に持ち込んだ虚構である」と（鷲田 2001:114）。この指摘は本稿で取り上げたライプニッツ―ドゥルーズの主張とほぼ重なり合う。ライプニッツも「アル」、すなわち偶然性に満ちた「可能世界」を仮定した上で、現実世界はそのうちで唯一必然性をもったものであることを論証しつつ自らを世界に投錨する。異なる点は、本稿で確認したように、ライプニッツは「イル」ではなく、すべてのものが「ナル」とみなすことで分裂症を解消する点である。木村―鷲田はアクチュアリティを生き生きした現在（超越論的主観性）の在り方とみなし、イルを世界内存在的な存在規定としておく。だがこうした独我論的な収め方では、「私」がますますもって問題となる一方、他者のかけがえのなさ、すなわち「個」のもつ特異性について語ることができない。ハイデガーのケア（ゾルゲ）が「固有な（eigen）私」としての本来性（Eigentlichkeit）へと収斂するように、「私」を問題にする限り、「かけがえのなさ」は「かけがえのない私」という自己愛の物語にしかならないのではないだろうか。

13　袋小路に陥った論理、「ジレンマ」は「トリレンマ」へと向かう。「ジレンマ（二足論法）」が論拠を論証自体にしか見出せないことに起因する自己言及（トートーロジー）であるのに対し、「トリレンマ」（三足論法）は、論証を放棄して強引に論理を稼動させ、稼動したことを論拠にしてしまう（柄谷 2004 他を参照）。こうした「命がけの跳躍」（Salto morale）を犯すことで、学校言説のケア論は稼動している。「かけがえがない」のは「かけがえがない」からであるとしか言えないのを、「かけがえがない」のは「かけがえがない」から「かけがえがない」のであるとして、強引に「かけがえのなさ」を自明の前提とするのである。

【文献】

ドゥルーズの文献（ドゥルーズからの引用箇所は本文中に略号、ページ数、邦訳ページ数の順に示した）
PL: Le Pli—*Leibniz et le Baroque*, éditions de Minuit, 1988.=1998 宇野邦一訳『襞――ライプニッツとバロック』河出書房新社。
DR: *Différence et Répétition*, Pr.Universitaires de France, 1968.=1992 財津理訳『差異と反復』河出書房新社。
QP: *Qu'est-ce que la Philosophie?*, éditions de Minuit, 1991.=1997 財津理訳『哲学とは何か』河出書房新社。

柄谷行人　2004『トランスクリティーク』岩波書店。
柄谷行人他　1993「共同討議　貨幣・言語・数」『批評空間』第9号、福武書店。
デリダ、J. 1981 高橋允昭訳「繫辞の代補」『現代思想』七月号。
デリダ、J. 1978 足立和浩訳『グラマトロジーについて』現代思潮社。
中沢新一 2001『フィロソフィア・ヤポニカ』集英社。
中沢新一 2006『芸術人類学』みすず書房。
ハイデガー、M. 1962 辻村公一訳『根拠律』創文社。
メルロ=ポンティ、M. 1974 竹内芳郎他訳『知覚の現象学 2』みすず書房。
矢野智司　2004「交換の物語と交換の環を破壊する贈与」臨床教育人間学会編『臨床教育人間学1――他者に臨む知』世織書房。
ライプニッツ、G.W. 1989 西谷裕作・米山優・佐々木能章訳「ライプニッツとクラークとの往復書簡」『後期哲学』工作舎。
鷲田清一　2001『「哲学」と「てつがく」のあいだ』みすず書房。

〈実践報告〉

1

知的障碍をもつ子どもの「葛藤」を援助するということ

栗山　宣夫

〈概要〉

知的障碍をもつ子どもが、自己の中に自分なりの「わかり」を構築していくことは、効率の悪い避けるべきこと、意味のないことと見なし、正しいことを覚えさせて「できる」状態に「作り上げていく」ことを教育とする考え方が存在している。知的な障碍を理由に、「葛藤」しないような状況に追い込み、その結果、行動が変容することをよしとする教育実践が現場には多々見られる。その考え方にあるのは、人材としてのヒトであり、人間としての教育の考察はない。本論は、子どもがしっかりと落ち着いて葛藤することを援助する教育実践について、養護学校での事例をリフレクションすることにより探求した。そして「葛藤」の援助を創造する教師に必要な六つの臨床的ポイントを得るに至った。教師にはそれらの理解とともに、何よりも、知的障碍をもつ子どもの「葛藤」の混沌さにじっくりと付き合う大きな覚悟が求められるといえる。

1 問題の所在

知的な障碍をもつ子どもたちの教育実践は歴史的に見ると長い間、自己の中に「わかり」を構築していくことが難しい、あるいは不可能な子どもたちと見なし、正しいことを覚えさせることにより「できる」状態に「作り上げていく」ことを教育ととらえられ進められてきた。

昭和二二（一九四七）年、日本の知的障碍児教育において先駆的な役割をはたしたとされ、全国に大きな影響を与えていくことになる品川区立大崎中学校分教場（現在の東京都立青鳥特別支援学校）が設立されたが、ここでは「職業生活への適応」という目的で学校工場方式と呼ばれる作業学習の徹底がはかられた（迫 1985: 283）。社会への有用な「人材」の育成と、「社会自立」「よりよい職業人」が終極的な目的であった（迫 1985: 285）。そこには「教育とは何か」と考える時に、「人材」としてのヒトと見なされ、「人間」としての考察やその視点からの教育についての見解はなかったといってもよいだろう。その証拠として、当時は「精神薄弱児」を「白痴」「痴愚」「魯鈍」に分類し、教育の対象を最も障碍の軽い「魯鈍」に限定している（迫 1985: 284）。「社会自立」「よりよい職業人」の育成を教育の目的とするならば、「白痴」「痴愚」はそれが不可能なので教育の対象とはしないということである。

昭和三七（一九六二）年の日本教職員組合の研究大会において「障害児教育における職業教育の目的は、職人の養成をめざす職業訓練にあるのではなく、生存権保障の一つの重要な手だてとして考えるべきである」という反論が提起され（迫 1985: 285）、その後、前述のような「人材主義的教育観」は批判されるようになっていった。しかし、どのように重い障碍をもつ子どもでも教育を受ける権利があることを制度的に保障されるようになるのは、昭和五四（一九七九）年の就学猶予制度の撤廃まで待つことになる。

過去の教師や行政がこのような教育観をもったということは事実である。そしてそれは現在でもそのような教育観が存在する可能性を意味し、現実に社会に有用な人材を作る人材主義的教育観は、現在でも知的障碍をもつ子どもの教育現場に多く存在していると筆者は見る。

一方で、そのような教育観に対抗するものとして、「人間として大事に」「自主性の尊重」ということを掲げる動きが生まれてきた。このような反論が生まれるのは当然のことであろう。しかし、それが放任主義的な主張である場合や、また、「自主性の尊重」「受容」「添う」といった言葉のイメージから放任主義と誤解をされているケースがある。

そして「強制」と「放任」の間の綱引きのような議論が教育現場では多々見られる。どの場面でどの程度強制するのか自由にさせるのかの「オトシドコロ」を探る、いわば「強制―放任」機軸上のバランスの問題としてとらえられていることが多い。

筆者はこの「強制―放任」機軸から脱却し、「学び」や「わかり」の援助をおこなっていくことこそが必要と考えるのであるが、しかしなぜ、知的障碍をもつ子どもの教育現場では、この「強制―放任」機軸上の議論からの脱却が難しいのであろうか。それは、子どもが「覚えさせられる」のではなく、「わかる」を自己の中に築き上げていく際に経る「葛藤」が、無駄なこと、避けるべきことという認識が、教師の間に存在していることが大きな原因ではないかと考える。わかりやすく関わるという配慮が、葛藤を引き起こさせないよう配慮するということと同義にとらえられていることがある。葛藤しながら「わかり」を自分の中に作り上げていくことは、知的障碍をもつ子どもには難しいことと認識され、「わかりやすく」「正しいこと」を「覚えさせる」ことをよしとし、「葛藤」は迷いや混乱を与える余計なものとしてとらえられている現場を、筆者は幾度となく目にしてきた。そこに問題の根幹が存在していると考える。

本論は、障碍の特性を理解し、子どもが葛藤しなくてすむような実践についての研究論文ではない。知的障碍をもつ子どもが、しっかりと葛藤するために、教師はどのように援助したらよいのかということについて、養護学校（現・特別支援学校）での実践事例をリフレクションすることにより論じることを目的とするものである。

2 先行研究の検討及びリフレクションのポイント

「子どもの学び具合」や「わかり」の援助という視点からの実践研究も近年、徐々に増えてきている。特に、「総合的な学習の時間」についての研究や共同学習についての研究には、「学び」や「わかり」の援助という視点からの実践の考察・研究が多々見られる。

平野(1994)は、「はじめに子どもありき」を教育実践の基本であると明言している。そして次のように述べている。「子どもは教師の問いにこたえる存在にされている。適切にこたえていけば、結局は、授業のねらいとしているところへ導いてもらえるのである。しかし、そのようにして行われる学習は、本当にその子どもの主体的な学習といえるであろうか。(中略)どのような問いを持てるかということは、重要なことである。そして子どもの内からの問いに基づいて学習が行われた時に、その学習はその子どもにとって必然性があり、そこで学んだことも本当に自分のものとなるのである」(平野 1994: 61)(傍点は筆者による)。

この平野の「はじめに子どもありき」を教育実践の基本とする思想は、出来上がりの人間像や目的を先に固定して考え、それに向けて人間を作っていこうとする教育観とは大きく異なる。注目すべき点は、既決された問いに応えることよりも、どのような問いを子どもがもてるかを重視しているという点ではないだろうか。応える力よりも、問いを立てる力を重視していることが、子どもの内に生まれた問いに基づいて教育活動が展開されることによって学んだことも本当に自分のものになるという論からうかがうことができる。

どのような問いを立てるのか。何を学ぶのか。教育活動の目的やねらいを何にするのか。そしてそれらを子どもの内から自然に生まれてくるものとして、教師は待ち、見取るのか。

この問題について佐伯(1995)は、何を学ぶかを決める時のキーワードとして「学びがい」ということを挙げている。「『人は、学びがいを求めて、学ぶ』ということを最も自明のこととして、考察の出発点におくことにする」(佐伯 1995: 5) と明記し、これを、「学ぶ」ということや「わかる」ということの意味、さらにそれらと教えるということとの関係を考察していく際の前提として挙げている。

「学びがいを感じるところに問いを立てること」。これを起点にして「学び」や「わかる」ということがはじまるということは、研究者が研究をおこなうにあたってはよくある話であろう。しかし、それを障碍をもった子どもたちの教育実践もそのように考えてよいのかどうかという意見を聞く。つまり、高等教育や研究者のレベル、あるいは「総合的な学習の時間」のような活動はそれでよいが、障碍児の教育や就学前の幼児教育や保育のような活動では、それはなじまないという考え方である。

ここで、「学習」という言葉と「学ぶ」という言葉を整理・吟味しながらこの問題に向き合いたい。「学習」というのは「観察者の目から見て、学習者の行動パターンが変化し、それがある程度持続しているならば、(中略)『学習した』という」と佐伯 (1995 : 3) が示すように元々は心理学から発生した言葉である。そして「学習者が自分で学習しようという意図があったかなかったかについては、学習したかどうかを問うときには問題にする必要はない」、さらに「学習者本人の意図は (中略)、学習の生起に関して、学習内容もまた一切関与しない」と、「学習」について佐伯 (1995: 3-4) は説明をする。よって先に示した平野の引用も、「学習」という言葉ではなく「学び」という言葉の方が、平野の意図を適切に表すものではないだろうか。つまり、「学びがい」を感じることのないことであっても「学習」をすることはありうるということである。本当はなりたくない自分への変容も、「学習」によってされうる可能性があるということである。一方で、佐伯は「学ぶ」という言葉を、「『学ぶ』ということには、少なくとも学び手にとって何らかの意味で『よくなる』ことが意図されている」(佐伯 1995: 4) という認識を示している (傍点は筆者による)。

このような佐伯の説明による「学習」は、学習におけるヒトの位置付けを「その内容や生起の決定に関して本人の意図のないもの」、つまり「人材」と位置付けているといえる。障碍児を「人材」と位置付けた場合の不幸は、前述したような歴史が如実に示している。断じて、障碍児の教育は人材教育ではなく、人間教育でなければならない。このことからも、障碍をもつ子どもの教育の基盤は、「学習」ではなく「学び」でなければならないと考えることができる。

平野と佐伯の「子どもの内に生まれた問い」「学びがい(よくなれそうという希望)」というこの二つの表現を、障碍をもつ子どもの教育実践の現場に見合った言葉にまとめるならば、「その子どもにとっての内なる本当のねがい」と言い換えることができると考える。つまり、「その子どもにとっての内なる本当のねがい」から生起するものが、障碍をもつ子どもの教育実践における本当の学びであると考えるのである。

この「その子どもにとっての内なる本当のねがい」を読み取り、それに添った援助をおこなうという障碍児教育実践研究が、近年、現れはじめている。従来の量的・実験心理学的な方法によるものではなく、物語を綴るような、いわばナラティブな手法により、現場の教師自身あるいは現場の教師と研究者の共同作業の形でなされている。そのような研究として、竹沢清と佐藤比呂二によるものがある。

竹沢はその著書のタイトルを『子どもの真実に出会うとき』(1992)、『教育実践は子ども発見』(2000)とし、また佐藤は『ホントのねがいをつかむ』(2009)としている。一般的にタイトルとは著者の一番主張したいことであったり、様々な主張の根幹にあるものであるが、この三冊についても精読すると、二人の主張の根幹であり、また最も伝えたい主張が如実に表れているタイトルと判断できる。具体的には、次のようなことである。

【事例1】行事活動(運動会)に参加できない自閉症のS君の事例

運動会に参加しようと誘う教師に、大きく抵抗して泣き叫んでいる自閉症のS君。それを、自閉症の特性から「騒がしいところは嫌い」「いつもと違う活動は嫌い」なので、「参加したくない」という思いで、抵抗として泣き叫んでいると、当初、教師(佐藤)はS君の内面を理解していた。

しかし、S君の本当の内面は、

「行きたくても行けなくて困っている」⇓「それなのに教師は、ただ行こうとだけ誘う」⇓「自分の本当の気持ちは伝わっていない」⇓「支えがない」⇓「さらに行きたくても行けなくて困る」

つまり「行きたくない」のではなく、「行きたくても行かれない」ということであり、S君の本当のねがいは、「行きたい」ということである。さらには「行かれるような支えが欲しい」というのが本当のねがいであることに佐藤は気付いたことを綴っている（佐藤 2004: 32）。

障碍の特性を理解することの重要性が謳われるようになり、その普及も少しずつ教育・保育の現場に進みつつある。しかし、科学的な「障碍特性」の理解に縛られ、「このような特性があるから、○○のように対応したらよい」と言い切ることにはどうしても大きな違和感をもたざるをえない。それは、その子どもの困り具合の見取りの欠如があったり、困らないようにすることで、結果像として大人が期待する行動をとっていることを「よい」とし、それまでの過程は問わないどころか、過程を省くということに、空虚さとさらには恐怖感さえ感じるからである。落ち着いて「葛藤」すること、そして「わかり」を自己の中に築き上げていく過程こそが、人間としての学びそのものではないだろうか。そのように考えるのならば、結果像志向による過程の省略は学びの略奪であり、それゆえに空虚さや恐怖感が生まれてくるのであろう。この、いわば過程像志向であるべき学びが、結果像志向の教育によって妨げられることに対して、佐伯は次のように述べている。「しかし、もしどうしても、ほんとうにどうしても、あなたの『学び』があるべき世界を人々が無視し、理解しないならば、あなたの『学び』が妨げられ、おしつぶされ、そのときこそ怒りをこめて振りかえれ。なぜなら、人間、これこそ学びつづけていくことのできる唯一の存在であり、この存在を否定することだけは、断じて許してはならないからである」（佐伯 1975: 207）。

例えば、自閉症スペクトラムの子どもは、「パニック」にならないにこしたことはないだろう。だから、障碍の特性を理解することは必要である。しかし、障碍特性に応じた「対処法」を独り歩きさせるのではなく、落ち着いて自己と向き合い、しっかりと葛藤するための環境の創造に必要な知識として「障碍理解」が必要である、というスタンスをもつことが重要ではないだろうか。佐藤は、自閉症児のパニックについて次のように述べている。「パニックは本人が一番辛い。なりたくてなる子はいないだろう。ときには噛まれることもある。だが、そんなとき私は、『噛まれるより噛むほうが辛いだろう』と思う。パニックは、ならないにこしたことはない。だが、単に『ならなければ良い』のではない。なりそうなときに、ならずに済ませる力、すなわち『自分の思い』と『外界』との間に、『折り合いをつける力』こそが大切なのである」(佐藤 2009: 22)。

佐藤は、前述の「本当のねがいをつかむ」ことを実践の創造とリフレクションの第一の視点とし、さらに第二の視点として、この「折り合いをつける」ことを挙げている(佐藤 2009: 22)。これは、子どもが自己の中での葛藤を経るものである。子どもが自己の中での葛藤を経て折り合いをつけていくという意味、過程は、佐伯(1975: 61-62)が示す「わかる」という行為の意味、過程と繋がり合うものではないだろうか。佐伯は「わかる」とは、「無関係であったもの同士が関連づいてくること」「わからないことがわかること」「絶えざる問いかけをすること」としている。その絶えざる問いかけをする一番の相手は自分自身である。

無関係であったものが関連づいてきて、わからなかったことがわかるようになってきたという変化の中で、それまでの自分と新たに構築されつつある自分の自己内対話、つまり葛藤をおこない、新たな自分の着地点を見出すということは、まさに「折り合いをつける」ということであろう。そのための援助として、佐藤は「子どもの思いを全面的に受け止めること」が必要と述べている(佐藤 2009: 23)。「受け止める」という意味は、それまでのその子どもの「わかり」を理解すること、そして「自分の思い」と違う「相手の思い」や「現実」にぶつかって戸惑っているということも理解し、その苦しみに共につき合うことである。つまり、「子どもを(子どもの思いを)受け入れる」ということとは異なる。

この「受け止める」ことの必要性の理由について佐藤は次のように述べている（佐藤 2009: 23-24）。

「子どもが葛藤し、ときには、こらえきれずに泣き叫んでしまったときにも、誠意をもって、ていねいにかかわり、その思いを全面的に受け止める。その上で、お互いの折り合いのつけどころを見つけていく関わりのプロセスを大切にするのだ。どんなに激しいパニックになろうと、大暴れしようと、最後まで気持ちを受け止め、治まるまでかかわることで、子どもは信頼を寄せてくれる。この人と一緒ならば、パニックになっても、ちゃんとよい自分に戻れる、と思えるからだ。子どもは、受け止めてもらった実感をもつことで、自分自身で折り合いをつけようと思えるようになる。D君の姿がそれを教えてくれる」。

【事例2】「受け止めてもらった」から「折り合いをつける」D君

少し長いが、佐藤実践の記述を紹介する（佐藤 2009: 25-26）。

「D君が、私と教室で座っているときに、突然パニックになった。ちがう学年の友だちが他の先生と買い物に行く姿を見て、自分も行きたくなったのだ。だが、この日、私とD君は買い物に行く予定ではなかった。激しく泣いているD君に『そうか。買い物に行きたくなったんだね。わかるよ』と気持ちを受け止める。だが『では買い物に行こう』と受け入れはしなかった。（中略）『行きたいのはわかるよ。でも、今日は行かないよ。金曜日には必ず行くよ』などと、見通しをもたせたり、『今日は、買い物に行かないけど、楽しいおやつづくりをしようか』と代わりの活動を示したりしつつ、折り合いをつけられるまでかかわろうと思った。だがこのとき、私の頭の中に、ふと一つの考えが浮かんだ。（ねがいがあるならば、葛藤をしかけてみよう）。泣いているD君にこう提案してみたのだった。（中略）『佐藤先生とは一緒には行けないけど、誰か他の先生とだったらいいんじゃない。

どうする?』と問いかけた。(買い物には行きたい、でも他の先生と一緒に行くのは、とても不安)……そんな葛藤のなか、D君はずっと考えていた。そして、とうとう『N先生と行く』と言った。D君は、自分から支えになってくれるであろうN先生を選び、初めて私以外の人との買い物に行く決心をしたのだった。無事に買い物から帰ってきたときのD君の表情は、何より誇らしげだった。葛藤に直面し、それをのりこえていくなかで、D君は成長する。(中略)本人の心に残るものが『切り替えてもらった』ではなく、『自分で切り替えた』であることこそが大事だ。(中略)自ら折り合いをつけた見事な姿だった」(傍点は筆者による)。

この事例の見出しを佐藤は、「『受け止めてもらった』から、『折り合いをつける』」とつけている。受け止めてもらったことが、自ら折り合いをつけることにつながったのだが、もう少し丁寧に分析をすると、その間に「葛藤をしかける」ことをしている。葛藤を促してよいかどうかの判断に、「本当のねがい」があるかどうかを、その大きな判断材料としている。

そしてさらにもう一つ大きなポイントを指摘したい。それは、買い物学習に他の先生と行くか、行かないかという選択の自由を本人に与えているという点である。これは、活動の「ねらい」「目的」をどうするか、さらに活動の「ねらい」「目的」をどのような性質のものとしてとらえるかという教育課程観に大きく関わるものである。佐藤実践は、D君の活動の「ねらい」「目的」を、D君の「ねがい」と現実との間の葛藤の過程から生まれたもの、及びその過程そのものにあるととらえていると分析できる。

D君の「ねがい」と現実との間の葛藤の過程から生まれたものというのは、この場合、「買い物をすること」「買い物の仕方を覚えること」という既に固定化された「ねらい」「目的」ではなく、「いつも一緒にいる佐藤先生と離れて活動すること」「他の先生と活動をおこなう」という「ねらい」「目的」がそれである。

また葛藤という過程そのものを「ねらい」「目的」としているということも読み取れる。葛藤し、自分で折り合いをつけた、自分で切り替えた、という自分をコントロールしようとする試みそのものとその成功体験こそを、「ねらい」「目的」としているということである。

以上の先行研究の検討をふまえて、次の四点をポイントに据えて、この後の筆者自身の実践事例をリフレクションする。

(1) その子どもの「本当のねがい」「わかり」を見取り、受け止める。
(2) それを子どもが自覚できるように代弁し、子ども自身の「わかり」の整理を手伝う。
(3) 「子どものねがい」と現実の葛藤に付き合い、折り合いを子ども自らがつけていくことの援助をする。
(4) 活動の「ねらい」や「目的」を教師の側で固定化せず、子どもの葛藤の中から真の「ねらい」「目的」となりうるものを見出す。また、子どもが葛藤すること自体が、活動の「ねらい」「目的」ともなりうるよう、その過程そのものを大切にする。

3　実践事例リフレクション1――R君の「カセットテープのダビング方法」の「わかり」

R君は養護学校（現・特別支援学校）の中学部一年生で、知的障碍と脳性まひ（アテトーゼ型）の障碍をもっていた。認識力は分野によるばらつきはあるものの、概ね三歳レベルの発達段階にあると中学部の教師たちには認識されていた。発声できる語は限られており、「があー」「うー」などの発声のみだったが、表情や発声の仕方等により自分の気持ちを伝えたり、日常的に接することが多い事柄に対しては、写真・絵カードを常に携帯しており（腰に携帯型ファイルをひもで結びつけて所持）、それを使うことでコミュニケーションをはかっていた。さらに中学部に入り、その写真・絵カードの一部に文字も少し加えたり、文字盤の使用の練習をはじめたりしてコミュニケーション手段の拡大を少しずつはかっている状況にある子どもだった。

ある日、R君はある音楽のCDが欲しいと私にうったえてきた。私は、「いいよなぁ、あの歌。欲しいよなぁ」と受け止めたが、学校にそのCDがあるわけでもなく、また買い物学習に出る予定でもなかったので、受け入れるわけにはいかず、「今日は買い物には行かないしなぁ」「それに、お金がないと買えないなぁ……」とR君に応えた。

すると困った表情を見せた後に、R君は教室の中にあったカセットテープをもってきて、そこにペンで字を書きはじめた。R君は私が担任をするようになったこの学年から文字についての学習をはじめたばかりだったことと、脳性まひからくるアテトーゼ（不随意運動）による震えにより、きちんとした文字にはなっていない。しかし本人の意識としては、文字を書いているというしっかりとした意識があることが読み取れた。

はじめはどういうねがいがあって、このようなことをしているのか、私にはわからなかったが、私とR君の母親との間の連絡帳を通した情報交換により、R君のその行為の中にあるねがいと、ねがいの実現に向けたR君なりの「わかり方」が理解できた。

R君には大好きな兄がいた。そして兄は、CDからカセットテープにダビングをした時に、カセットテープやそのケースに曲名やアーティストの名前を書いていた。その後、兄がカセットテープで音楽を聴いているのをR君は何度も目にしていた。

「聴きたい曲があったら、お兄ちゃんのようにすればよい」。「テープに曲名を書くとその曲がテープに録音されて聴けるようになる」。それがR君のわかり方だった。

そしてR君は私に、文字をカセットテープに書いて欲しいとうったえてきた。そこで私はそのうったえに応じ、R君が聴きたいと思っている曲名とアーティストの名前を丁寧にカセットテープに書いた。R君は自分の文字はうまく書けていないということを認識し、「うまく書けていない＝うまく聴けないかもしれない」という「わかり方」をし、私に頼んできたのだと推測できたので、丁寧に書いた。

そしてR君と私は一緒にカセットテープをデッキに入れて、再生ボタンを押した。もちろん音楽はかからない。R君は思わず怒りの表情を見せた。R君の「聴きたい。何でかからないんだろう」という思いに添い、私は、「何でかからないんだろう……。先生、字、ちゃんと書けてたよね」と話した。R君の内にある思いを代弁しようと考えての関わりである。

自分の「ねがい」や「わかり」を受け止めてもらっていることを感じ、かつ、自分の内面にある言葉にできないでいる言葉を代弁してもらったR君は、第一の葛藤から見事に抜けだし、自分の気持ちに自ら整理をつけていった。「聴けないのは、文字がちゃんと書けてないからではないかもしれない」。これが、R君の「わかり」の次のステップであった。R君はカセットテープを手で振りはじめたのである。その表情から、怒りにまかせて振っているのではないことは明らかだった。「このカセットテープは故障しているのかもしれない」というR君の「わかり」は比較的容易に読み取れた。そこで私は、「R君、貸してごらん。先生も振ってみようか？」とR君に尋ねた。するとR君は「うー」といって私にカセットテープを差し出した。R君は「自分よりも先生の方が力も強く、しっかりと振ってもらえるのでは」と思ったのだろう。私はカセットテープを、しっかりと振った。その後、再びカセットデッキにテープを入れてみたが、当然、音楽はかからない。

次にR君は、中のテープを全部引っ張りだしてしまった。

筆者「テープ、切れてないみたいだし……壊れてないみたいだなぁ……」。

R君「（じっとテープを見ながら）うー（そうだなぁ）」。

筆者「壊れてないんじゃぁ……、書いても録音できないのかなぁ……。お兄ちゃん、録音するときに、書いてるだけだった？　何か他のことしてなかった？」

R君、考えている。

（少しの間）

筆者「CD、かかってなかった?」

R君「うー!(かかってた)」。

筆者「CDで音楽がかかっている時じゃないと、テープに音楽が入らないのかなぁ」。

R君、考えている様子。

そして、学校にあった他の曲で、実際にCDをかけながらカセットテープにダビングをしてみて、カセットテープでも音楽が聴けるようになる事実を体験的に知り、「ダビングの方法」について納得する。大人と同じ「わかり」を落ち着いて受け入れるに至った。

最初から、別の曲を使用して「正しいダビングの方法」を教えようとしていたら、普段のR君の様子から、おそらくR君はパニックになっていたであろう。

R君のそもそもの「ねがい」は、学校でもお気に入りの曲を聴きたいということにあった。つまり、「正しいダビングの方法を知る」ということが「ねがい」ではなかった。「正しいダビングの方法」をいきなりはじめに教えるということは、「今は、聴けない。あきらめなさい」ということを伝えるばかりではなく、R君の「ねがい」が受け止められているのかどうかさえR君は実感できなかっただろう。R君が変われたのは、
① 「ねがい」を見取り、受け止めてもらえた。
② 自分の「ねがい」や「わかり」を代弁してもらえた。
③ ①②があったので、落ち着いて教師と共に、自己の中で葛藤することができた。からではないだろうか。自分に添ってくれる教師と共にする葛藤であるから、違う考え方も受け入れ、自分を変えていったと考えられる。
特に障碍をもっていて自分の思いを言葉に表すのが苦手な場合(知的障碍により心の中で言葉に整理できない思いがある場合)や、乳幼児の場合は、内なる思いを代弁する役割をしてくれる人物が身近に必要である。そのことによって、

自己内対話や、自己に限りなく近い他者との会話が成立しうるからである。

筆者がこのように考える論拠の一つとして、佐伯及びA・ワロンによる次のような自我発達論がある。およそ一歳半から三歳の発達段階にある子どもは、自分の心の中で、現実の相手なしで一人二役を演じた「ひとりごと」をいうようになり、いわば自分の中のもう一人の自分（第二の自我）と内的対話をするようになる。そして、このもう一人の自分（第二の自我）の形成を、他者が助ける場合があるが、佐伯はそのような他者を「二人称的他者」と名付けている。また、佐伯は「I（私）」と「第二の自我」あるいは「二人称的他者」とが融即し合って形成する世界を「WE 世界」と呼んでいる。佐伯の理論は、この「WE 世界」の形成・存在が、「I（私）」と匿名性のある「THEY 世界」との出会いを促し、その間に折り合いをつけていく際に必要なものであるとの論である（佐伯：1995: 66）。

また、A・ワロンは「第二の自我は自我の分身であり、自我と共存するが、自我と一致しないこともある（むしろ、その方が多い）ものである。したがって、心的対話においては議論を展開させ、疑念の解消をせまるものであり、いわゆる『反省』の働きに発展するものであるが、それは決して敵対的なものではない。自我にとっての『永遠の同伴者』であって、内面世界と周囲の具体的世界をつなぐ媒介者の役割を果たす」と「第二の自我」の意味とその役割について述べるとともに、場合によっては「現実の人物に体現してあらわれる」ことも指摘している（ワロン 1956 = 1983: 38-39）。

これが、前述のようなR君と筆者との活動において、筆者がR君にとって「二人称的他者」となるよう努めながら関わっていった論拠の一つである。

4　実践事例リフレクション2――R君の「買い物活動」における「ねらい」と「学び」

ある日の「買い物学習」の活動は、実際に校外へ出てケーキを買ってくるという予定になっていた。当初の教師側の活動の「ねらい」「目的」としては、「実際にお店の人とのやりとり、コミュニケーションを体験することで、買い物をする際のルールを学ぶとともにそのような場面での自信を育てる」ということが考えられていた。慣れ親しんだ人以外の人と関わることが苦手だったり自信のない子どもがいる中で、チャレンジすることは一つずつという、いわばスモールステップを踏んでいかれるよう配慮することが大切と考え、大好きなケーキを買いにいくという状況を設定した。さらに帰校後にすぐ、みんなでケーキを食べるという見通しをもつことで、苦手なことにもチャレンジしてみようという意欲につながればと考えての、「ケーキ屋へ行く」という状況設定であった。

ところがR君は、ケーキではなくCDを買いたいとうったえてきた。

筆者「ケーキを買わないで、CDを買いたいの？」

R君「うー（はい）」。

筆者「（実際にお金を見せながら）CDを買うには、CD屋さんにこのお金を渡さなきゃいけないから、このお金はなくなっちゃうよ。お金がなくなるから、ケーキは買えなくなるよ」。

R君「（真剣な表情で）……うん」。

筆者「R君だけケーキ食べられなくてもいいのか？」

R君「……うー（はい）」。

筆者「わかった。じゃあ、このお金はCDと取り換えるお金にするか」。

このようなやりとりが出発前にあり、お金をR君に渡してから、みんなと一緒に出発した。まず最初にケーキ屋へ行った。R君以外の子どもたちは全員、ケーキ屋の中へ入り、R君と私だけは外でその様子を見ていた。中古CDショップではなく、ケーキ屋に先に行ったのには教師の意図があった。「しっかりと葛藤するかもしれない」。中古CDショップに先に行ってしまったら、ケーキ屋では手元にお金が残っておらず、ケーキを買いたくても買えない。選択のしようがない。しかしケーキ屋に先に行けばまだ手元にお金があり、ケーキを買おうと思えば買える状態である。それでR君がどうするか。買えるのに買わないということを自分で選択するのかどうか。「葛藤しうる環境へとしかけてみよう」と考え、ケーキ屋に先に行くことにした。

R君の性質上、ケーキを食べたいのは容易に推測できた。友だちがケーキ屋の中にいる様子を見るR君の苦悩する表情からも顕著にそれがうかがえた。「ケーキは食べたい。でもこのお金をケーキ屋さんに渡してしまったらCDが買えなくなる。だから渡すわけにはいかない」と自己の中で葛藤していることがつぶさに読み取れた。

つまりR君はここで、

「お金には限りがあり、何かを買うとなくなってしまう」⇒「そうすると他の物が買えなくなる」⇒「だからお金は、苦しくてもしっかりと考えて使わなければならない」

ということを学んでいたのである。これは、「買い物」という社会生活上の行為をする上で、非常に大事なことであることはいうまでもない。そしてその重要なことをまさにR君は学んでいた。

このことこそが、その時のR君にとっての「買い物学習」という教育活動における「目的」「ねらい」であるととらえたので、その直後、中古CDショップへみんなと一緒に行き、R君が欲しかったCDを買って帰った。

「買い物学習」で一人だけ違うものを買うということを、「わがまま」で、認めるべきではないという意見もあろう。しかしこの時は、中古CDショップで欲しいCDを手に入れたR君の実に嬉しそうな表情を見て、友だちは「R君、よかったね。本当に嬉しそう！」と声をかけてくれた。

R君は、教師という同伴者を得てしっかりと葛藤することを経て、買い物をする上で大事なことは何かということを、実感をともないながら、自分のものとしてわかっていったといえよう。

5　結　び

以上の事例リフレクションより、先行研究の検討の際に挙げた四つのポイントに加えて、以下のことが「葛藤」

を援助する教師にとっての重要なポイントであると考えることができる。

(1)「葛藤」をしかけるのは、子どもに「ほんとうのねがい」がある時。

(2) 教師が同伴者として共に葛藤してくれていることを、子どもが感じる。

この六つのポイントを意識しながら、子どもの「葛藤」の援助の創造を教師はおこなっていくことが求められる。

子どもの内面にある、あるいは、子どもと教師の関わりの中から生まれてきた、学ぼう、わかろうとする働きが活性化し、それゆえに葛藤が起こり、自己を再構築していくという、この混沌とした過程が、障碍があるがゆえに大人にとってわかりにくいことがある。そこで、わかりにくいがために省くことで効率を求めるのではなく、むしろ、そのわかりにくさや混沌さにじっくりと付き合う大きな覚悟が教師には必要なのではないだろうか。

（くりやま・のぶお　育英短期大学准教授）

【文献】

栗山宣夫　2002『「援助」としての教育実践について――障害児教育の事例を手掛かりに――(3)』教育の原点を求める研究会編『機関誌アガトス』22: 74-90。
佐伯胖　1975『「学び」の構造』東洋館出版社。
佐伯胖　1995『「学ぶ」ということの意味』岩波書店。
迫ゆかり　1985「戦後精神薄弱教育における『作業教育』の変遷」津曲裕次他編『障害者教育史』川島書店：283-285。
佐藤比呂二　2004『自閉症児が変わるとき』群青社。
佐藤比呂二　2009『ホントのねがいをつかむ』全障研出版部。
竹沢清　1992『子どもの真実に出会うとき』全障研出版部。
竹沢清　2000『教育実践は子ども発見』全障研出版部。
平野朝久　1994『はじめに子どもありき――教育実践の基本――』学芸図書。
ワロン、A.　1956=1983　浜田寿美男訳『身体・自我・社会』ミネルヴァ書房。

『臨床教育人間学』編集委員会規定・投稿論文執筆要領

■『臨床教育人間学』は、臨床教育人間学会の学術紀要です。

1　本紀要は、毎年開催されるカンファレンスの報告を二年分掲載するとともに、若干の投稿論文を掲載します。

2　投稿論文については、臨床教育人間学にかんする未発表の論文とします。

3　同紀要の編集作業は、本学会の編集委員会によって行います。

4　編集委員会は、随時開催し、投稿論文の査読および掲載の可否など、紀要にかんする事項のすべてを検討し決定します。

5　編集会議のメンバーは、以下の九名です（五〇音順）。

越智康詞（信州大学教授）
下地秀樹（立教大学教授）
高橋勝（横浜国立大学教授）
田中智志（東京大学大学院教授）
田中毎実（京都大学大学院教授）
鳶野克巳（立命館大学教授）
藤野京子（早稲田大学教授）
矢野智司（京都大学大学院教授）
山口恒夫（信州大学教授）

■『臨床教育人間学』投稿論文の執筆要領

臨床教育人間学会紀要『臨床教育人間学』への投稿を希望される会員の方は、下記の執筆要領に従い、事務局まで原稿をお送りください。

第5号の締切については、本学会のホームページをご覧ください。

1　機関誌への投稿内容は、臨床教育人間学にかんするもので、未刊行のものに限ります。

2　論文の投稿にあたっては、ワープロを使用するものとし、分量は、Ａ４判の用紙(横書き)1頁あたり横四〇字、縦三五行とし、注を含めて一六、〇〇〇字程度とします。

3　題目には英文題目をつけてください。また本文の前に、概要(日本語で四〇〇字くらい)をつけてください。

4　本文中に文献を示す場合は、(小林 1999: 10)とし、論文の末尾に文献表を載せてください。訳書を示す場合は、たとえば、(Luhmann 1988=1993: 30)とし、原著書の出版年のあとにイコールをいれ、訳書の出版年を入れてください。

5　文献表の書き方は、日本語の文献と欧文の文献を分けてください。日本語は、五〇音順に、欧文はアルファベット順に配列してください。

6　同一著者・同一年出版の文献は出版年のあとにａ、ｂ、ｃ、…を付し区別してください。訳書は、原著者名、原著出版年、原著題名、原著出版地、原著出版社の順で記し、そのあとに＝をつけ、訳書出版年、訳者名、訳書題名、訳書出版社を記してください。簡略化したい場合は、カタカナの原著者名、原著出版年＝訳書出版年、訳者名、訳書題名、出版社名を記してください。

例

高橋勝　2006「生命・世界・変成――『経験のメタモルフォーゼ』素描」教育哲学会編『教育哲学研究』94: 57-72.

ルーマン、N．2002=2004　村上淳一訳『社会の教育システム』東京大学出版会。

鷲田清一　1997a『現象学の視線――分散する理性』講談社(学術文庫)。

鷲田清一　1997b『ひとはなぜ服を着るのか――文化装置としてのファッション』日本放送出版協会。

Chambliss. Daniel F. 1996 *Beyond Caring: Hospitals, Nurses, and the Social Organization of Ethics*. Chicago, IL: University of Chicago Press. ＝2002　浅野祐子訳『ケアの向こう側――看護職が直面する道徳的・倫理的矛盾』日本看護協会出版会。

Derrida, Jacques 1996 "Remarks on Deconstruction and Pragmatism." Chantal Mouffe, ed., *Deconstruction and Pragmatism*. London: Routledge.

Luhmann, Niklas 2002 *Das Erziehungssystem der Gesellschaft*. Frankfurt am Main: Suhrkamp Verlag. ＝2004　村上淳一訳『社会の教育システム』東京大学出版会。

7　注は、本文中の該当箇所に(1)(2)と順に番号をうち、本文の末尾にまとめるか、アスタリスク(＊、＊＊、＊＊＊)をつけ、各段落のすぐあとに入れてください。ワープロの脚注機能等は使わないでください。

8　プリントアウトした原稿2部、e-メールによるデジタルデータ・ファイル一部をお送りください(アドレスはホームページで確認してください)。デジタルデータは、テキストファイルもしくは一太郎、ワードで作成してください。

9　イタリック、アクサン、ウムラウト、傍点などは、プリントアウトした原稿に、赤字で明記してください。

10　原稿送付先

●プリントアウト原稿

↓　〒113-0033　文京区本郷7-3-1

東京大学大学院教育学研究科　田中智志研究室気付

臨床教育人間学会事務局

●デジタルデータ

↓　臨床教育人間学会HPに記載のe-mailアドレスへ。

〈お問い合わせ先〉

臨床教育人間学会HP　http://www13.plala.or.jp/CSECS/

編集後記

『臨床教育人間学　第4号』をお届けします。私の職場の移動にともない、編集作業に大幅に遅延が生じ、みなさまにはご迷惑をおかけいたしました。お詫び申し上げます。

さて、本号には「関係性をめぐって」という特集タイトルをつけてみました。全部で７本の論文が収録されています。たとえば、子どもと世界の関係性としての「物語る」という営み、人間と制度のあわい関係性としての「無頼」という生きざま、人と人、教師と子どもの同等の関係性としての「承認」、更生する少年と社会との関係性としての「自己変容」など、この２年間に、臨床教育人間学会のカンファレンスで報告されてきた論題は、思いのほか、関係性をめぐるものだったように思います。この関係性に関連するものとして、気になっていることが「存在論」です。ドゥルーズ、レヴィナス、ナンシーに厳しく批判されるハイデガー的な存在論は、本当に生成論に対立するものだろうか、という疑問を、私は抱いています。たとえば、ハイデガーのいう「共存在」という概念は、述定的な意味（ＡはＢである）、本質の述定として語られているのか、それとも出来事的な意味（ＡはＢになった）、出来の結果として語られているのか、と。そういえば、アガンベンは、「イエスは救世主である」という言葉を、本質の述定ではなく、出来の結果としてとらえようとしています。成果・業績・利益などの有用性一辺倒の尺度で評価が繰り返され、人生が裁断されるご時世だからこそ、なんとも迂遠な感じもしますが、存在をめぐる議論のような生の本態を問う思考が必要だと思います。これからも、この開かれた学会の議論が私たちの生の本態を問う思考体験でありつづけることを、心から期待しています。

（田中　智志）

臨床教育人間学４

関係性をめぐって　発行 2011年７月25日　ISSN 1882-2886

編集　臨床教育人間学会事務局

〒113-0033　東京都文京区本郷7-3-1　東京大学大学院教育学研究科
田中智志研究室気付

電話　03-5841-3931（基礎教育学コース事務室）

E-mail　caecs@cpost.plala.or.jp

ホームページ　http://www13.plala.or.jp/CSECS/

発行　株式会社 東信堂

〒113-0023　東京都文京区向丘1-20-6

電話　03-3818-5521㈹　Fax　03-3818-5514

E-mail　tk203444@fsinet.or.jp　http://www.toshindo-pub.com/

ISBN978-4-7989-0072-8　C3037